Motivos

Motivos

Psicografado pela Médium **Leo Fernandes**
Ditado pelo Espírito **Anya Ruiz**

© Publicado em 2012 pela Editora Isis Ltda.

Supervisor geral: Gustavo L. Caballero

Revisão de textos: Rosa Maria Varalla

Diagramação e Capa: Décio Lopes

CIP-Brasil. Catalogação na Fonte
Sindicato Nacional dos Editores de Livros, RJ

Fernandes, Leo

Motivos / Leo Fernandes – São Paulo: Editora Isis, 2012. – 1ª Edição – 144 págs.

ISBN 978-85-8189-000-5

1. Espiritismo 2. Parapsicologia 3. Ocultismo I. Título.

Proibida a reprodução total ou parcial desta obra, de qualquer forma ou por qualquer meio seja eletrônico ou mecânico, inclusive por meio de processos xerográficos, incluindo ainda o uso da internet sem a permissão expressa da Editora Isis, na pessoa de seu editor (Lei nº 9.610, de 19.02.1998).

Direitos exclusivos reservados para Editora Isis

EDITORA ISIS LTDA
www.editoraisis.com.br
contato@editoraisis.com.br

Índice

Homenagens 7
Dedicatória 9
Introdução 11
Capítulo 1 13
Capítulo 2 19
Capítulo 3 33
Capítulo 4 57
Capítulo 5 69
Capítulo 6 79
Capítulo 7 99
Capítulo 8 105
Capítulo 9 115
Capítulo 10 127
Capitulo 11 137

Homenagens

Para os Gonçalves e os Oliveiras, Batistas e Freitas, os Fernandes e os Farias, meus respeitos e carinho por essas famílias serem o passado e o presente de minhas raízes!...

Dedicatória

Aos espíritos encarnados imbuídos de boa vontade e fé, na divulgação da caridade ensinada por Jesus, dedico essa "mensagem" a esses corações generosos que são incansáveis nos trabalhos de assistências sociais...

Benditas sejam suas atitudes, e que seus esforços sejam vistos como forma de convites aos corações displicentes que ainda não se despertaram para o Amor Maior!

Leo Fernandes

Introdução

O agreste Sertão do médio Norte desta Terra de encantos serve de palco para o desenrolar deste drama inerente a todas as pessoas.

Quantos de nós passamos ao largo de tão profundas reflexões sempre postergando para não se sabe quando o verdadeiro trabalho da alma quando esta reclama sua depuração?

Cabe aqui lembrar a inexorabilidade da colocação por Kardec quando explica Causas Atuais ou Causas Anteriores das Aflições.

Na verdade, se olharmos este texto com critério veremos que assim como os elos de uma corrente, nossas vidas vão se entrelaçando.

A difícil arte de reconhecer este fato se deve também e não só ao fato de habitualmente sermos educados de maneira estanque.

Não só com relação aos princípios da Moral e dos Costumes quanto às tendências religiosas. E muito raramente deixamos de seguir as nossas intuições quando recebemos o alerta de que alguma coisa não está se encaixando.

Ficamos como que mariposas em volta da luz, teimando em não nos afastarmos das luzes enganadoras, do conforto íntimo do velho hábito de delegarmos a responsabilidade de nossos atos, e insistimos em viver apoiados em conceitos filosóficos que não nos ajuda a evoluir.

A narrativa que segue é um alento de múltiplos aspectos.

Mostra com simplicidade, mas com muita clareza, quanto de conforto para a alma se consegue, quando nos dedicamos a crescer como pessoas no foro íntimo.

Também a crueza da vida no campo, a violência quase que natural de tempos não tão distantes mostrando o coronelato instituído nos sertões.

Isto não só forjou almas a ferro e a fogo como também criou com seus motivos um entrelaçamento suigeneris de almas com formações tão distintas.

Interessante ainda observar as posturas adotadas pelos principais protagonistas em relação as suas opções religiosas.

Ficamos a pensar, como seria o arcabouço final desta etapa, se tivessem ambos mantido a velha visão reativa que impede a aproximação de almas com dogmas distintos.

J. Livramento

Capítulo 1

Ao entardecer, quando o sol se punha no horizonte tingindo o céu de vermelho era um espetáculo da natureza de beleza inigualável, e vez ou outra a tristeza chegava de mansinho, as lembranças martelavam-lhe à cabeça e as lágrimas escorriam sem perceber!

Maria Meireles sentada em sua velha cadeira se embalava e rememorava alguns detalhes daquela tragédia que envolveu a família Junqueira Neves, e de sua vida amarga e tão estranha, ficava pensando se todos em sua volta teriam segredos como os dela! Será que as pessoas guardavam tantas mágoas, que seus sorrisos eram na verdade uma cortina que escondia uma alma doente? O sorriso de Maria era!

Quanto mais envelhecia, mais vivas ficavam essas memórias arrastando-a para o passado, do qual ela ao longo da vida fizera questão de esquecer, mas agora essas reminiscências a estavam machucando. O que estaria acontecendo?

Alguma providência deveria ser tomada. Ao longo dos anos determinou-se a sepultar esse "pedaço" de sua vida e por um bom período conseguiu. Eram tantas ocupações, filhos, trabalhos exaustivos e agora parecia que havia tempo sobrando em demasia. Ao ver-se sozinha, em sua casa, sem a presença dos seus; essa "companhia" indesejável se fazia presente e ela era arrastada de forma tão intensa ao passado que, às vezes, as dores de cabeça se intensificavam.

Essa novidade de agora, talvez seja o que sempre dizem, ao ficarmos velhos, voltamos a ser criança! Mas no seu caso, Deus bem que poderia ter um pouco de piedade!

Sua infância não fora das melhores, para hoje já perto do fim, assombrar os seus dias! Não era isso que ela queria nessa altura da vida, ficar revivendo fantasma do passado, machucando-lhe o coração.

Hoje compreende de verdade a maldade humana, já sabia certinho, que o coração do bicho homem viajava muitas vezes por caminhos tortuosos e sem volta.

Ela mesma começou a percorrer essa estrada em tenra idade! A tristeza foi ter sido obrigada a participar de mais essa história sórdida, além da sua, como se fosse pouco o que os seus passaram.

A Juventude e a esperança parece que por equívoco do destino, quase sempre estão acorrentadas pelas amarguras, é isso que pensa hoje. Os adultos, às vezes, por destino ou descuido marcam suas estradas, na vida, de forma tão profunda que as crianças são obrigadas a trilhar estas outras e de forma desastrosa acabam se perdendo mesmo antes de começarem as suas. . Pelo menos com ela foi assim! Não culpa seus pais, eram uns pobres diabos assim como ela é agora e hoje sente pena e saudades, se pudesse voltava no tempo, mudaria os caminhos e suas historias talvez seriam diferentes.

Na juventude, temos respostas para tudo, sempre achamos que haverá tempo para corrigir as falhas, mas quando menos percebemos foi-se uma vida, não só o desgaste do corpo, mas a mente adoece e o tempo que era tão amigo de uma hora para outra passa a ser um cobrador implacável. Compreende hoje que, felizes são os que envelhecem sem mágoas. Que pena que com ela não foi assim!

Os acontecimentos à nossa volta são como tempestades ou calmarias, não dominam seu tempo de duração. Os felizes são mais difíceis de serem guardados, parecem revoadas de pássaros, já os amargos além de perdurar, ainda tem o dom de nos arrastar como uma grande teia e a aranha é nossa própria consciência.

Maria Meireles não teve tempo de levar uma vida relativamente normal, em suas memórias, os dias felizes foram tão escassos que nessa altura da vida bem que poderia esquecer as desgraças como que por encanto e ficar com o pouco de felicidade!

Hoje compreende perfeitamente os tropeços que todo ser humano há de passar, a tal "cruz," contra o que ninguém pode fazer nada, é cada um com seu cada um, quando muito uma alma piedosa aparece vez ou outra aliviando nossas dores, agora com os cabelos brancos percebe que não pode morrer e levar tamanha carga.

Ela sabia que Deus pode tudo, é o Senhor absoluto de nossa vida, mas quanto ao perdão, algo dentro dela avizinhava a desconfiança.

No fundo, ela achava que nossos atos deveriam ser reparados de uma forma ou de outra! O mal feito era um desvio que para consertá-lo nem sempre ficava a contento. E não tinha mais idade para reparar nada, a velhice já chegara.

Foi também testemunha, das consequências dos atos dos coadjuvantes daquela trama. Talvez o destino tivesse sido mais generoso com todos se os rumos fossem outros!

Confessar seus pecados ao padre Miguel não iria redimi-la, iria sim aliviá-la. Dividir com alguém, que conhece os caminhos de Deus segundo os entendidos. O que ainda lhe confortava era saber, em sua verdade, que se pudesse tinha feito tudo diferente. O que lhe restava era a magoa e a sensação de uma vida que podia ter tido outro desfecho!

Abadia era sua filha querida, enquanto a fazia comer o mingau, entre sua tagarelice contando assuntos do seu dia nem percebia quanto ela em seus sentimentos era conturbada, mesmo porque, muitos da família achavam que ela já estava caducando.

Não deixava de ser verdade, pois, para as coisas de hoje a mente já não ajudava, mas quando o assunto era o passado para este sim estava sempre muito lúcida. E não adiantaria contar seus segredos para suas filhas, pois elas deveriam se ocupar com os delas; e do que já havia presenciado na vida as delas eram existências, relativamente normais graças ao bom Deus. Pelo menos isso pode ver; sua descendência com raízes assentadas.

Padre Miguel era um homem cheio de boa vontade em ajudar as pessoas da paróquia, ela riu intimamente, como seria para ele saber os detalhes de tanto que ela teria para contar?

Quando olhamos um ser humano não sabemos seus segredos, são caixinhas de surpresas, ao abrirmos, podemos nos espantar com seu conteúdo.

Ela fora obrigada a desembrulhar muitas caixinhas de inúmeras pessoas e dentro foram encontradas raríssimas coisas belas.

As dela mesma... Quanto é feio o seu conteúdo?

Há anos ela vive ali, com os filhos, netos e amigos, era a vovozinha querida por todos.

Nem seu companheiro que Deus já levara sabia dos seus mais caros e tenebrosos segredos. E ela tomara sua decisão iria confessar-se e quem sabe Deus aliviaria sua carga!

Padre Miguel chegara nessa paróquia perto de mil novecentos e trinta, veio do tal velho mundo, segundo ele, aprendeu com dificuldade a falar português, mesmo depois de muitos anos ainda suas falas causavam risos.

Tornou-se querido por todos da pequena cidade no Norte do Estado de Minas Gerais.

Quando saiu a tal Segunda Guerra, deixando o mundo em estado de perplexidade, ele sofria pelos seus, as cartas recebidas com dificuldades eram motivos de muitas tristezas.

Os moradores daquela cidade assim como ela, não conseguiam compreender o desassossego do padre com essa tal de 2ª Guerra Mundial. Ali naquele rincão teve a primeira, a segunda e daí para frente já perdeu as contas, na verdade era uma guerra o simples ato de viver. Cada um por ali se incomodava tanto com sua guerra particular, que ao ouvir falar de uma grande guerra do outro lado do mundo isso não mexia com os sentimentos daquela gente.

O padre comentava com os membros da comunidade que ficava dividido entre a alegria e o remorso.

Estava feliz por estar longe da amarga desgraça causada pela 2ª Guerra Mundial e infeliz por não poder ajudar o seu país. Muitas novenas foram feitas em oferecimentos a todos que pereceram naqueles dias tristes em terras distantes de onde o padre viera.

Em sua paróquia, mesmo que surgissem dificuldades, nada era comparado ao que estavam passando do outro lado do mundo segundo ele.

Mas Maria Meireles ficaria também em estado de perplexidade, se pudesse sentir ou vislumbrar o que se passava na mente desse homem santo responsável pela casa de Deus!

Capítulo 2

Padre Miguel sentia que de certa forma era um privilégio de Deus estar no interior desse país maravilhoso, no entanto, sabia bem como deveria estar a desgraça entre os seus. A guerra destrói não apenas vidas e bens materiais, o estado emocional de um povo seja derrotado ou vencedor leva tempo para se recompor. Os derrotados sentem-se humilhados porque não foram capazes de defenderem com honra sua pátria, e os vencedores sentem um orgulho mesquinho por usurpar o que não lhes pertence e também com as perdas de seus opositores.

Nessas terras brasileiras, que o acolhera para viver com sua "guerra íntima" que a juízo dele já era gigante, via agora o quanto podia ser pequena e ridícula diante do que estava acontecendo a nível mundial. Sua rotina era trabalhar a terra, cuidar de sua horta, manter a capela em estado de conservação e realizar os ofícios religiosos. Antes do início da guerra suas ocupações ao longo do dia eram fatigantes e assim parecia que o dia era longo e não se daria conta de tantos trabalhos a serem feitos, com a guerra instalada e o mundo participando dessa desgraça, sua pequena vida ficou quase insignificante, a impotência encheu sua vida e se pudesse dobraria a hora; sentia que o que fazia era pouco demais.

Restava ser um daqueles que colocaria o joelho no chão, a rogar misericórdia, para todos que participavam dessa tragédia, um vigilante do amor dispondo os pensamentos e o coração em vigília em prol de todos os que se encontravam em sofrimento.

Quando chegou a esse vilarejo e os fiéis o procuravam no início de seu trabalho ele se espantava com o nível de ignorância existente no continente, até mesmo os mais estudados eram inocentes de maneira considerável.

Percebeu que a miscigenação das raças trouxe evolução e progresso, mas também os medos e as crendices essas se aglutinaram às existentes dos nativos formando uma nação diferente de tudo que já tinha visto. Essas coisas o abalavam, parecia que seu trabalho com a palavra de Deus, a Bíblia Sagrada era um código completamente incompreendido por todos, mesmo nas coisas mais simples. A dificuldade encontrada em colocar suas palavras em mentes tão simples o deixaram quase desanimado, não estava preparado para tanta simplicidade.

As brutalidades de algumas almas eram visíveis, suas atitudes eram palpáveis, sentiam, na pele, os moradores daquela cidade. A lei do mais forte era colocada na ponta da faca e da bala. Os menos favorecidos eram conduzidos como um rebanho desenfreado e sem pensar calavam-se aos mandos dos seus senhores. No entanto, um povo dócil e prestativo, mas via-se que da ignorância nascia o medo!

Mesmo sendo do outro lado do mundo, a Guerra mexeu com os sentimentos do padre de tal forma que começou a ponderar suas atitudes em relação ao ser humano, as angústias, os pendores, as realizações, compreendeu que seriam estudos para uma vida inteira.

A doce arte de viver e a complexidade em entendê-la!

Antes de viajar para esse novo continente ele já havia presenciado contendas desastrosas e sangrentas. Diante dessas ponderações suas emoções tornaram-se mais calmas, compreendeu que Deus o colocou em um lugar em que deveria ser paciente com as dificuldades de cada um, sua própria luta seria íntima, se houvesse amor de sua parte pelo menos sua pequena "Guerra" poderia ser vencida.

Quando veio para o Brasil, passou meses com saudades antecipadas de sua Terra. Achava que jamais veria as belezas existentes que tanto o encantava, a arquitetura, as pinturas que lhes roubavam o tempo de admiração e idolatria!

Os grandes mestres que ao longo dos tempos milenares compuseram aqui na Terra, através de suas mãos, à inspiração de Deus!

Veio com muita esperança em seu novo trabalho, era um pastor das "Causas Divinas", das ovelhas desgarradas, dos carentes de quem os guiassem, pois larga era a porta da perdição.

Nos primeiros anos, sentia, sim, muita saudade de sua Terra, mas seus olhos se encheram de uma beleza inigualável com o que aqui encontrara, a natureza exuberante existente nesse continente, era Deus em pessoa que a expressava!

Nas poucas horas de folga perdia-se nos vales e montanhas, apreciando os animais e plantas, compreendia a extensão desse continente, imaginava como seria bom ser eterno para explorá-lo em cada pedaço desse rincão.

À margem do rio São Francisco fazia jus a esse nome. Tamanha beleza naquele pedaço de chão! As grutas espalhadas pelas montanhas puras e naturais, quase virgens e pouco tocadas pelas mãos humanas, a diversidades de plantas e animais silvestres que encantava qualquer um.

Era tudo tão puro e natural, assim como inocente era o seu povo. A falta de malícia em relação às coisas da vida o deixava encantado. E causava espanto o desenrolar das crendices.

Aprendeu bem rápido que para manter sua paróquia e seus fiéis deveria fazer duas coisas, não fugir de suas Normas Eclesiásticas, porem sem escorraçar os desentendidos.

O tempo se encarregaria desse entrosamento, seria seu aliado depois da amizade estabelecida. Com essa atitude suas contas morais e materiais com a Instituição seriam realizadas a contento como de fato estava sendo.

Em uma tarde, recebeu um convite que o deixou curioso; a velha senhora Maria Meireles, precisava de seus préstimos, justo ela que raramente participava das missas, precisava falar com ele! A felicidade invadiu-lhe o peito, mais uma filha de Deus que se achegava à igreja.

Levantou cedo, depois da liturgia, cuidaria de sua preciosa horta e na parte da tarde, iria até a casa da sra. Maria.

O negro Josias cuidava com carinho de todas as necessidades da capela, porém era ele que gostava de manusear a terra, retirar as graminhas, fazia bem sentir o cheiro da terra preta adubada. Plantar e colher

Era um milagre ver a cada dia o desenvolvimento de uma simples plantinha. Começou com dois canteiros, hoje há para mais de 15, verduras e legumes para muita gente, uma troca interessante entre ovos, queijos e rapaduras, ganhou muitos fiéis assim.

Não pela porta da Igreja, mas pelas portas da amizade, sentia-se realizado, pediu ao Josias que tirasse sua carroça.

A chácara era longe e aproveitaria a viagem, levaria algumas verduras para algumas trocas ao longo do caminho.

Saiu logo depois do almoço, contornou a serra e avistou o rancho de dona Maria era a primeira vez que a visitaria. Suas filhas não saíam da Igreja, eram senhoras alegres sempre dispostas a ajudá-lo quando solicitadas, participavam das festas dos santos e das comemorações; e sempre diziam que sua mãe era doente e não andava.

Desceu da carroça e deu boa tarde com a voz bem alta, mas o local parecia vazio.

Andou pelo quintal, observando os animais soltos, porcos, galinhas, uma horta que mostrava descuido já de tempos, os pés de couves de caules longos em fim de produção e alguns pés de mandioca e plantas medicinais cobertas de ervas daninhas. Ao olhar o poço percebeu ser bem fundo, talvez fosse essa a dificuldade de baldear a água uma vez que ela estava doente.

As árvores frutíferas que um dia deviam ter sido frondosas e férteis mostravam claramente que o terreno estava seco e sem adubo produzindo por isso frutas pequenas e disformes.

Percebeu também que um dia ali houve fartura! O que teria acontecido para que aquele lar estivesse em tão mal estado?

Deu-se conta de que sabia muito pouco daquela gente, também não era essa sua função, o que sabia vinha de maneira natural, não era bisbilhoteiro, mas vendo o estado que se encontrava o quintal não havia como deixar a curiosidade de lado.

Aproximou-se da porta e chamou por alguém!

– Boa-tarde!

De dentro ouviu uma voz rouca pedindo que se aproximasse, e ele entrou.

– Boa-tarde, padre, entre eu estava lhe esperando!

Dizendo isso ela acenou com a mão; sente-se aqui disse a ele apontando para uma banqueta de madeira rústica. A porta do quarto dela era na direção da porta da sala ele ficou envergonhado de vê-la na cama, mas percebeu ser necessário adentrar.

Miguel com reflexão rápida percebeu a pobreza daquele lar.

Das tábuas do assoalho, algumas estavam soltas e faziam barulho ao pisar, os armários via-se claramente ser de cortes nobres, móveis de bom gosto, o espelho de cristal já manchado pelo tempo e pelas goteiras.

A cama de ferro bem trabalhada com suas roupas gastas, mas limpas um cesto num dos cantos onde uma galinha chocava seus ovos, as paredes de tabuas abertas com frestas típicas do descuido.

O telhado feito de cavacos de madeiras o sol entrava fazendo desenhos por sobre eles entre as telhas esburacadas ou fora do lugar.

Deitada, meio encostada em vários travesseiros estava uma senhora de rosto quadrado, lábios definidos e apesar dos anos, percebia-se ter sido de rara beleza, típica das mulheres dessa terra, pele morena, expressão inteligente percebeu ele que ela devia ter sido uma guerreira destemida.

Não era gorda, era robusta, mas as pernas davam penas de se ver.

As feridas de erisipelas arroxeadas do joelho aos pés. Era, sim, difícil alguém sair naquelas condições. Estava explicado o porquê de vê-la apenas duas vezes em sua igrejinha nesse tempo todo.

– Como tem passado dona Maria Meireles?

– Estou aqui, padre, do jeito que eu mereço, não do jeito que Deus quer!

Miguel se espantou com essa resposta. A curiosidade cresceu dentro dele, quem seria aquela mulher, que acabara de expressar sabedoria?

– Confia em Deus dona Maria? Que coisa bonita suas palavras, valeu a pena atender seu convite só para ouvir tamanha sabedoria nessa sua resposta!

– Confio, seu padre, acredito seriamente na bondade de Deus! Eu que não fui digna da confiança Dele. E é por isso que o chamei nesse horário. Para a minha confissão, nessa hora os meus estão nos seus afazeres em suas casas e o que eu tenho para contar é coisa minha e com Deus. Mas antes preciso ser sincera consigo, não o chamei aqui padre, por ser um religioso, mas sim como um amigo que irá ouvir minha história.

Não estou preocupada com o perdão da sua igreja e nem desmereço seu trabalho preciso apenas de um cristão. Estou perto de morrer padre e preciso dividir com alguém que seja inteligente e sábio para ouvir e entender e quem sabe vez ou outra você me inclui em suas preces por misericórdia.

Meus pecados se forem revelados ainda aos dias de hoje podem provocar tragédias para muitos que estão por ai. Estou em uma fase boa da vida as pessoas pensam que já caduquei, estou sim esquecida das coisas. O peso sobre os ombros, às vezes, cansa demais. Mas existem fatos que nos perseguem, ficam vivos à cabeça e os quadros que me vêm à mente parecem que foram ontem.

– Sinto-me honrado, minha senhora, por esse chamado, espero ser um bom ouvinte e já de antemão prometo-lhe não esquecê-la em minhas orações.

– Nesse caso você vai ter de vir várias vezes, meu amigo, a tragédia foi longa! Em um dia apenas não será suficiente, ficamos assim, já sabes que nessa hora estou só, fica ao seu critério sua visita, e eu já agradeço desde já. Nesse instante, ouviram barulho no quintal, estava chegando alguém, era uma de suas filhas que ao vê-lo cumprimentou e ficou agradecida e honrada com sua visita. Deixou-os e foi fazer um chá e uns biscoitos, afinal era o santo padre que estava em sua casa.

Dona Maria sorriu e continuou;
–Vamos passar momentos interessantes e angustiantes, mas eu preciso falar.

– Abadia!

Ela gritou alto batendo a bengala no assoalho.

– Venha cá! Pega duas galinhas e abate, o santo padre vai levar.

Não deu nem tempo dele recusar ficando claro ali naquele instante que ela era decidida e a moça saiu para fazer o serviço.

– Nosso assunto, padre, vai lhe tomar muitas vindas aqui e por isso eu entendo caso você se recuse, afinal há outros necessitados em sua paróquia.

– Em absoluto, faremos assim, dona Maria, uma vez por semana eu faço o possível para estar aqui. A senhora acaba de aguçar minha curiosidade sou um estudante do comportamento humano, na tentativa de entender minhas próprias mazelas.

– Certo, meu amigo, assim eu poderei contar minha vida. E já te adianto que terás de sobra assuntos para vários dias de estudo se é que assim pretende.

– Quisera eu ser motivo de estudos sobre atos nobres e uma vida coroada de glórias, mas meu único feito nobre foi à sobrevivência e não foi com tanta dignidade.

– Podemos começar hoje se a senhora quiser...

Ela acenou pedindo para que ele se aproximasse; padre Miguel achegou seu banco sabendo que sua curiosidade era um pecado, mas aquela mulher despertou esse sentimento, pôde perceber que com meia dúzia de palavras ele poderia se surpreender, ela deveria saber contar uma historia como ninguém!

A viu tossir e passar as mão no cabelo...

– Não sei bem ao certo, o ano que foi essa nossa jornada, seu padre, assim como não sei o ano em que nasci, ao certo mesmo hoje sei a data do nascimento dos meus. A miséria faz com que certas coisas não sejam importantes, uma espécie de silêncio entra pela porta adentro e a família, às vezes, perde o sentido das palavras e se comunicam através de olhares como se todos tivessem medo de se expressar. Então, padre Miguel, as datas que deveriam ser importantes e motivos de alegrias em nossa família foram tão raras que não marcaram.

Vivíamos, no sertão nordestino, numa pobreza de fazer dó, por mais que meu pai e minha mãe fizessem a terra não apresentava resultados, e nós não conhecíamos a chuva, ouvia meu pai contar como era abençoada.

Ele era um homem forte, corajoso e não desistia jamais e no fim do dia ainda buscava água em uma cacimba que ficava bem longe, minha pobre mãe vivia doente, até hoje eu não sei o que ela tinha, vez ou outra, ela ficava dias sem falar postada na cama, de outras, tinhas uns ataques caía no chão se debatia e não sabíamos o que fazer e se fosse hoje não saberíamos também, lembro-me bem de meu pai com ela nos braços acenando-nos com a mão pedindo silêncio. Ficamos apavorados com medo de perdê-la. E eu mesmo pequena já cuidava dos irmãos e da casa.

Eu era a mais velha, abaixo de mim dois morreram ao nascer, depois veio mais um casal, e não eram sadios, acho que eu devia contar nessa época com uns 10 anos se for dar um palpite.

Um dia, meu pai tomou a decisão de irmos embora daquele lugar. Ele disse à minha mãe certa noite que se ficássemos morreríamos todos de fome, segundo ele a mulher de um compadre havia falecido dias passados, e a causa era falta de alimento.

Uma noite antes do dia de Natal, ele pegou nossos pertences que no caso era quase nada, colocou dentro de um jacá jogou em cima do jegue e saímos!

Minha mãe pediu para que ninguém olhasse para trás! Para não dar azar dizia ela... Rimo-nos de suas palavras, papai começou a rir baixinho e de repente gargalhava muito e minha mãe batia nas costas dele também brincando!

Segundo ele, nossa vida seria diferente, deveríamos, sim, olhar para trás e deixar ali o azar, afinal era dele que estávamos fugindo, ele estava feliz, poderia dar uma vida melhor à sua família, naquele dia, minha mãe vestiu sua roupa de festa, a única que possuía.

Era um vestido de flores amarelas que meu pai comprou em uma festa na capela a tempos passados. Aquele vestido era o único bem de minha amada mãe, ela não o usava, para que isso acontecesse deveria ser em ocasião especial.

O sol estava quente, andamos o dia inteiro, ao escurecer chegamos a um vilarejo chamado Juazinho de Dentro, havia poucas casas, mas meu pai se dirigiu para uma delas, hoje percebo que aquelas casas de paus eram também abrigos miseráveis. O bem ali era o fato de se terem vizinhos. Minha mãe e eu ficamos sentadas em um tronco de árvore ressequida, o jegue parado e meus irmãos brincando com gravetos. Nessa hora, já estávamos com fome, e não havia praticamente nada além de um resto de água suja como era a água da cacimba.

Na verdade, fiquei sabendo depois, que o dono daquela casa devia a meu pai segundo minha mãe, e ele não queria dinheiro, se o homem desse uns pacotes de farinha e carne seca já estava de grande valia e a paga seria feita, seguiríamos a nossa viagem. A preocupação de meu amado pai era seguir em frente, aproveitar o sopro de esperança e a coragem em deixar tudo para trás.

Ao longe, escutávamos a modinha que alguns homens cantavam, o som do pandeiro enchia o ar com batidas secas vindo de um bar caindo aos pedaços e a luz do lampião era amarelada igual o entardecer, eu olhava para minha mãe e ela me sorria.

Percebi anos mais tarde, quanto minha mãe era jovem, não conheci nenhum parente dela e muito menos de meu pai. Era como se o mundo todo fosse apenas aquele choupana, nossa família e algumas visitas raras. Ela cantava também baixinho repetindo aquela cantoria, eu retribuía o sorriso, ela era pequena, morena com os cabelos bonitos sempre trançados, olhos pretos e me encantava ver como as mãos dela eram delicadas, eu na verdade já estava quase do seu tamanho, saí a meu pai.

De repente... Meu pai sai daquela casa cambaleando, minha mãe correu em sua direção e eu também, ao chegar vi a camisa dele lavada em sangue... E uma faca enterrada ao estômago de meu pai. Ele caiu e minha mãe no desespero segurou-lhe a cabeça e colocou-a no colo dela!

Eu não sabia o que fazer minha voz não saiu, minha mãe tentou tirar a faca, mas quando ela levou a mão meu pai gritou com ela dizendo:

–Não! Não adianta, estou morto!

Minhas pernas não saiam do lugar, minha mãe começou a chorar, ele segurou duramente no rosto dela e disse:

– Saia daqui salve-se e as crianças!

Minha mãe acostumada a obedecer, deu um beijo no rosto dele e não sei de que jeito e em que arrumou forças, ela me levantou no ar e saiu correndo, jogou-me no burrico e meus irmãos também e saímos caatinga adentro sem rumo!

A lua clara iluminava o sertão, alguns animais rasteiros cruzavam a frente do animal, esse nem recuava, era como se entendesse o momento que estávamos passando.

Andamos até perto de o sol raiar, minha mãe vez ou outra parava, punha as mãos na cabeça e gritava tanto, de dar pena! Eu no animal apertava o meu irmão ao peito e segurava com outra mão minha irmã que dormia em minhas costas...

Padre Miguel, que estava acostumado a ouvir confissões desde que chegara aqui, confissões essas que, às vezes, não passavam de fuxicos disfarçados ficou estarrecido e imaginando em que aquela historia iria terminar. Via a angústia daquela mulher estampada-lhe à face, um passado tão vivo e com tamanha dor ainda! Era como se ela estivesse acabando de vivenciá-los. Não encontrava palavras de conforto para ela, percebia também que era melhor não a interromper, cada palavra era mastigada, igual a um alimento indigesto.

Foi salvo pela entrada da filha!

Maria Joaquina entrou no quarto com uma bacia de biscoitos e um bule de ágata cheio de chá, serviu aos dois e Maria Meireles deu o assunto por encerrado; padre Miguel comeu os biscoitos saborosos sem tirar os olhos dela, o início de sua tragédia acabara de acicatar a curiosidade dele. E os assuntos caíram no âmbito normal, incluindo sua filha, trocaram depois verduras pelas galinhas e ganhou um bom pedaço de sabão de cinzas, despediu-se das duas e partiu.

Capítulo 3

Durante a volta, ficou pensando no destino de cada um, os caminhos de Deus eram um segredo, às vezes, difícil de decifrar.

Ao chegar à cidade, antes de ir para sua paróquia passou pela casa da família Ventura.

Era um homem sério e de poucas palavras, mas muito bom, ajudava sempre a igreja. Sua filha, Berenice, estava doente, segundo as más línguas era mal de câncer.

Ele já presenciara morte assim, o paciente sofria muito antes de morrer, uma oração sempre era bem-vinda, ainda mais ele que orava de coração, era o mínimo que deveria fazer! Ao termino do dia, a mente estava presa no passado de d. Maria, talvez essa fosse sua primeira confissão de verdade! E ficou a pensar o porquê de tanto segredo e o que viria a seguir?

Os dias passaram, a enchente acabou derrubando a ponte de um rio que desaguava no São Francisco e ele resolveu ir a pé, d. Maria estava esperando!

E para ele em verdade era um pecado, mas a curiosidade tornara-se grande, e afinal era e não era uma confissão, essa situação era nova para ele também.

Eram muitos os costumes desse povo que ele deveria entender se quisesse fazer parte desse país. Uma realidade muito aquém do que estava acostumado com os fiéis do velho mundo.

Em se tratando de seres humanos em seu foro íntimo todos são iguais, diferentes são as realidades vividas, mas estava participando de uma espécie de rudeza de alma, de um povo bom, mas de grande inocência!

Chegando ao rancho encontrou uma novidade, Maria Meireles estava sentada em uma cadeira na varanda com um gato no colo!

– Bom dia, padre Miguel, se achegue!

– Como tem passado, a senhora está melhor?

– Sim, meu rapaz. A chuva e o clima ameno são bons para minhas pernas, desincham e eu quase ando disse rindo, mas a dor sobe para o coração. – Dizendo isso apontou o peito! – Sente-se aqui vamos continuar? – Soltou o gato e batendo palmas ele saiu correndo.

– Como foi sua semana, homem de Deus? – perguntou ela.

– Curioso, dona Maria lhe confesso – disse ele sorrindo.

– Onde foi mesmo que paramos, seu menino?

– A senhora relatava a viagem, segurava seus irmãos no burrico e o dia estava amanhecendo!

– Isso, isso mesmo, vamos continuar antes que chegue um curioso!

– Dona Maria, que mal me pergunte suas filhas não sabem dessas tristezas?

– Sim, santo padre, aos pedaços. Relatei parte da verdade com um pouco de romantismo, não quis que minhas filhas, fossem crescendo e descobrindo que além das mazelas próprias da nossa vida de hoje, muito disso fosse uma extensão da miséria humana vinda de família antiga. Mesmo por que eu sou a única família delas, por trás de mim não há ninguém que eu saiba como já te relatei. Então mesmo que seja através de mentiras elas sentem certa normalidade, são estruturadas, se fiz certo ou errado só Deus poderá me julgar. O que importa e que elas são fortes, trabalhadoras e religiosas e não passaram fome nessa vida, igual aos meus!

D. Maria ajeitou o travesseiro nas costas e continuou:

– Ao amanhecer minha mãe parou sentando no chão, eu acordei os meninos e os desci, minhas pernas endurecidas, eu não conseguia mexer, as crianças ao tocar o chão sentaram e já começaram a chorar, eu tive que me virar sozinha minha mãe não percebeu o estado em que me encontrava. Eu estava toda dura, minhas mãos formigavam, rolei do burrico ao chão por sorte não machuquei, me refiz aos poucos e sentei, foi quando percebi que minha mãe estava adormecida.

Meu irmão foi até ela e deitou ao seu lado sugando seu peito, para minha irmãzinha eu servi água, tomei um pouco, comemos o resto de farinha e adormecemos.

Acordei com o chamado de minha mãe, ela sorria para mim o rosto moreno estava bonito, sem noção de onde eu estava e ainda sonolenta a ouvi dizer assim: "acorda Maria Valente"!

Eu ficava orgulhosa ao vê-la dizer isso, meu pai era João Meireles Valente. Com essas palavras eu desabei a chorar, percebi ali naquele momento, meu pai estava morto jogado em algum canto. Chorei minha dor, meu amado pai eu jamais veria... Morreu e ficou sozinho para nos proteger, quem cuidaria dele? Onde estaria?

E os olhos do padre Miguel ficaram marejados ao ver as lágrimas daquela senhora cair-lhe dos olhos. Ela sorrindo as limpou com as costas das mãos.

– Minha mãe me abraçou e para distrair-me apontou para uma novidade! Não sei de onde apareceu um jegue enquanto dormíamos, havia dois samburás amarrados, em um, continha roupas e um saco com broas de milho, um cheiro que jamais esqueci, sempre tenho em meu quintal um pé de cravo, era essa erva que dava aquele cheiro no pão delicioso.

Eu digo que é o cheiro de minha amada mãe! Precisava ver padre com que alegria ela distribuiu os pedaços aos filhos, as lágrimas dela eram misturadas com sorrisos.

No outro havia rapadura, carne seca, um pouco de sal, queijo seco amarelinho de leite de cabra, que eu me lembre comi essa iguaria uma vez só até aquele momento e um cantil com água, essa novidade deu-nos alegria, mas... Uma preocupação, alguém sabia onde estávamos!

Minha mãe conclui que era o matador arrependido e isso não era bom, por ali se matavam famílias inteiras para não ter vingadores no futuro. Depois de comermos, tendo a barriga forrada com um verdadeiro manjar dos deuses, mamãe me disse assim: "Quando o milagre é muito o santo se desconfia"! Pegamos o novo jegue e saímos montados, se estava ali era nosso!

Minha mãe amarrou uns galhos secos de arvores e saiu arrastando enquanto andávamos, para apagar as pistas e logo em seguida ela virou o rumo e entramos em terreno de pedregulho! Dessa forma seguiríamos sem rastro.

Caminhamos por dias, de dia descansávamos em baixo das poucas árvores existentes, mas meu irmão adoeceu e no oitavo dia faleceu! Minha mãe não chorou, ela cavava com as mãos a terra e dizia: "Senhor você é bom. Obrigado por levar meu filho! Ele é pequeno e não merece sofrer nesse mundo cruel, cuida dele Senhor e me dê forças para cuidar das meninas"!

Padre, até hoje quando me lembro daquela passagem eu fico pensando o que será que havíamos feito de ruim para merecer tanta desgraça! Minha mãe não saía do túmulo que cavou, eu tive de pegar minha irmã e os animais e seguir em frente sem olhar para trás. Parecia que minha mãe jamais sairia dali, morreria ajoelhada diante daquele buraco pequeno e mal feito, ela colocou várias pedras sem uma lágrima sequer, mas eu sabia que ficou ali o resto da alma dela. Eu fui seguindo feito uma morta viva, queria chamá-la e a voz não saía...

Depois de certo tempo ela começou a andar nos alcançando, essa é a pura verdade, depois desse dia mamãe emudeceu, andamos sem rumo até chegarmos por acaso, às margens de um rio imenso e maravilhoso, a mata era tão verde e tão densa que tínhamos medo de adentrar. O rio era tão largo que não se via do outro lado!

Tomamos nosso primeiro banho de verdade... Na beirada a água era limpa ríamos tanto... Nunca mais tomei um banho tão bom como aquele! Era tanta água que minha mãe gritava para o céu, a alegria dela foi algo que jamais vi em outra pessoa até hoje, seu rosto ficou-me gravado à cabeça, se eu fechar os olhos agora nesse momento a vejo como se ela estivesse à minha frente.

"João Valente olha para nós!!! Encontramos água estamos aqui!", gritava minha mãe olhando para o céu.

A água nos fez tão bem que adormecemos naquela noite em estado de felicidade, segundo minha mãe, no dia seguinte iríamos procurar frutas e não andaríamos mais longe das margens do rio, alguma hora iríamos encontrar pessoas. Comíamos as frutas que os passarinhos comiam para não corrermos o risco de serem venenosas.

Padre Miguel ali escutando chegava sentir a alegria vinda dela ao contar essa passagem, os olhos de Maria brilhavam, as mãos ajeitavam os cabelos brancos como se ela tivesse que estar bem- apresentável para aquelas lembranças.

E um dia adormecemos, eu por obra do destino, resolvi ficar sozinha enrolada num dos cobertores, que veio no samburá, e minha mãe com minha irmã; de manhã bem cedo eu saí, senti dor de barriga e fui fazer minhas necessidades um pouco distante delas.

Ouvi os gritos apavorados de minha mãe, entrei em pânico caminhei devagar por trás das árvores e vi dois homens, um deles estava segurando as rédeas dos animais o outro segurando minha mãe pelos cabelos e com uma faca no pescoço dela, minha irmã agarrou a perna dele e ele a chutou para longe! Eu não tive dúvidas me arrastei até onde estavam nossas coisas amontoadas peguei a velha garrucha do meu pai e atirei no meio das costas dele!

Esse homem se virou soltando os cabelos dela, dando alguns passos em minha direção, eu continuei puxando o gatilho, mas era um tiro só, sua queda foi um barulho seco, e ele com as mãos estendida para mim e um olhar de espanto! Juro por Deus, padre, não senti nada ao ver aquele homem cair morto diante de mim. Isso me incomoda muito, até hoje parece que eu matei ali quem matou meu pai!

Sentei no chão, soltando a arma aturdida, quando vi minha mãe levar as mãos à cabeça, dando um grito desesperado acho que ela enlouqueceu, pois caminhou em direção ao rio entrou nas águas e sumiu de nossas vistas.

As águas cobriram seu corpo para nunca mais voltar! Padre Miguel, meu Senhor, ficamos ali até o defunto do meliante começar a cheirar mal. Não havia o que fazer, minha irmã chorava, nós duas completamente perdidas, parece que se ficássemos minha mãe iria sair das águas para nos socorrer. Bem depois que fui perceber que o outro homem fugiu com os animais. Desisti de esperar, mesmo por que começou a chover forte, havíamos que procurar ajuda. Mas ir onde? Seguir o rio como disse minha mãe.

Segundo meu pai, deveríamos procurar um lugar para viver, em que tivesse terra boa e muita água e com trabalho contínuo a fartura entraria porta adentro de nossa casa, e foi esse rio maravilhoso que levou minha mãe, o rio São Francisco, meu encontro com ele foi assim.

Suas águas abençoadas que leva a vida a tudo por onde passa neste sertão, levou-me desta vez o coração de criança.

Depois de muitos anos e ter passado tanta desgraça ao longo da vida, comecei a entender minha mãe e perdoá-la, ela deve ter, sim, em momento de estrema dor, perdido a noção da realidade, o sofrimento quando é muito, padre

Miguel, provoca uma agonia tão grande que é como se quiséssemos fugir de nós mesmos! Nessas horas a fé em Deus é a única saída! Não se trata de religião se trata de força íntima ou se tem ou não! E minha mãe enfraqueceu. Hoje percebo essas coisas, assim como compreendi mais tarde que Deus resolveu cuidar de mim pessoalmente. Foi a única explicação que encontrei!

Nos dias seguintes choveu muito, o céu escureceu e nós duas sozinhas no meio do mato, escondidas pelos buracos de pau molhadas até os ossos. Na verdade nos acharam, um grupo de homens que ficou estarrecido com a nossa história. Eram mineradores, estavam vindo de uma cidade e nos levaram.

Chegamos ao vilarejo e o sr. Herculano esse homem que nos encontrou nos deu ao coronel.

Padre Miguel percebeu o esforço que ela fazia ao contar sua vida, ela fazendo menção de levantar-se, conduziu-a até seu quarto sentando-a na cama, aconselhou a ter calma e saiu com despedida curta, prometendo a volta.

No íntimo, uma avalanche de emoções transbordava, no peito de padre Miguel; um nó na garganta se fez por conta da história dessa mulher juntando às suas. Precisava ficar atento à saúde dela, havia momentos iguais a esse, que a faziam sofrer demais, deu bem para perceber, quanto essas lembranças a estavam prejudicando. Ele sabia como era sofrer calado sem ter com quem dividir.

As memórias do padre eram outras, mas essa "confissão" estava fazendo-o voltar ao seu passado, coisas que ele havia escondido muito bem! Esses segredos de dona Maria seriam fontes balizadoras para a compreensão em relação ao ser humano, mas agora estava vendo que para os dele também. Mesmo a contragosto lembrou-se de sua infância que foi rígida, seu pai era um descendente de fidalgos, moravam em um castelinho pertencente à família a várias gerações, ele era o terceiro filho. Alimentação não faltou, conforto sempre houve típico de vida estabilizada. Mas... Amor não sentiu do seu próprio pai! Essa era a realidade que ele sempre mascarou, a decisão religiosa, sua volta às coisas Divinas fora no fundo para compensar o desamor dos seus! Era melhor deixar essas lembranças onde estavam e se ocupar do presente, era um passado que ele fazia questão de esquecer, apressou o passo tentando deixar d. Maria de lado e suas angústias para outro dia...

Entrando na cidadezinha percebeu uma movimentação em frente à delegacia e ao se aproximar já foi percebendo a tragédia.

Era mais uma contenda que terminou em morte! A cidade já estava grande, gente vinda de todos os lugares atrás de melhorias, muitos fugindo da seca que assolava boa parte do país, cada dia uma família se instalava na região com seus barracos em miséria absoluta. Muitos homens não voltavam para cumprir suas promessas de vida melhor aos seus.

Quanto as viúvas, algumas delas com seus filhos pequenos, acabavam caindo em prostituição. Quando foi designado para aquela região, havia dentro de si inúmeros sonhos no sentido de ajudar os filhos de Deus. Mais um havia bebido e nessa briga por posses de minérios veio a perecer. Procurava na fé viva o conforto para entender e aceitar que mais uma vida fora perdida por bagatela, doía-lhe o íntimo. Ajoelhou diante do altar com as mãos estendidas e pediu a Jesus misericórdia a todos!

Em meio a todos esses assuntos do dia a dia, os pensamentos sempre se voltavam a um fato novo que aconteceu na capela.

Certo dia, ao limpar o sótão pisou em uma tábua e sentindo-a abrir-se descobriu um buraco e foi retirando as tábuas, caso fosse ninho de ratos era melhor limpar imediatamente. Na verdade, encontrou um embrulho de couro amarrado e dentro havia um crucifixo gasto, um rosário e um diário. Sentiu-se um intruso a ética não lhe permitiu lê-lo de imediato, na primeira página estava escrito; "Minhas lembranças que o tempo não consegue apagar".

Sacerdote Emíllio Gotting.

Guardou esse segredo no mesmo lugar, ficando dias digladiando entre a curiosidade e a necessidade de vencê-la! Sabia que vez ou outra era testado em sua jornada, essa era mais uma prova? Venceu! Não seria ele que iria profanar as lembranças daquele irmão.

E por outro lado dona Maria o fazia voltar ao seu passado, por mais que quisesse não conseguia desassociar o assunto.

A aspiração eclesiástica de padre Miguel, em tese, era perfeita, não fugia a seus postulados. Mas a vida nessa terra corria na contramão. Seu trabalho era quase sempre dando extrema unção aos moribundos. Confortando viúvas e atendendo órfãos em carência extrema, por isso uma horta tão grande, todos esses afazeres prazerosos no fundo o fazia postergar os segredos pessoais.

As lembranças que ele achava que havia vencido estavam apenas encobertas. A fé verdadeira em Deus e em sua escolha religiosa formaram um fato incontestável, assim como sua vida particular e seus sofrimentos.

No entanto, em seu íntimo não fora ainda feita a entrega a Jesus de todos os seus segredos e medos.

Se tivesse não machucava!

Quem sabe não estava ai a mão do Cristo? Quanto as memórias de Maria Meireles se ele fosse inteligente tiraria proveito próprio. Se remexesse agora no próprio interior em sua velhice estaria livre delas.

Riu de si mesmo, enquanto organizava suas coisas, podemos fugir de tudo menos do passado. Somos o que somos!

Sentiu vergonha do seu comportamento, bem no fundo, sabia que no início quando buscou o celibato fora uma fuga da realidade, a fé veio depois. Estava tão comodamente sentado em seus postulados religiosos que varreu a sujeira para baixo do tapete.

Como era triste enxergar isso! Maria Meireles o chamou de um homem de Deus para confessar-lhe as angustias que possuía e ele quem chamaria se precisasse? O peso nos ombros daqueles que sabem muito, acaba sendo maior. Para quem o visse andar pelas ruas entre as pessoas era um sagrado, em sua consciência um pecador!

Sentiu um frio no estômago, sabia do amparo de Nossa Senhora, mãe de Jesus, não iria mais fugir, bem à intimidade confessaria toda as dores aos pés da cruz, quantas vezes fossem necessárias. Precisava entregar as magoas de verdade, se fosse inteligente, vasculharia a própria mente e se livraria desses desgostos. Adormeceu pensando nisso...

Nos dias seguintes a cidade entrou em uma espécie de calmaria e na casa de d. Maria as atividades cotidianas seguiam a rotina.

Abadia, a filha de d. Maria Meireles, levantou bem cedo e na casa da mãe, varreu o quintal, ajeitou a casa, fez uma bacia de broas de milho, viajaria até outra cidade, seu marido estava de serviço por lá e os seus filhos iriam visitar os avós paternos e assim sua mãe ficaria livre um pouco da bagunça que eles faziam.

Se bem que para a avó os netos eram motivo sempre de alegria, mas ela entendia que na sua idade avançada um pouco de paz ia lhe fazer bem. Na parte da tarde, Joaquina, sua irmã, viria para o banho de sua mãe, agora ela estava "metida" o padre sempre vinha para um dedo de prosa.

Ela daria um doce para saber que tanto cochichavam pensou nisso rindo. Estranhar tanto assunto ela não estranhava, sua mãe era especial e por ali já viu de tudo, sabia contar uma historia como ninguém, ela conseguia cativar a todos. Pensando bem se lembrou de um detalhe e dirigiu-se ao quarto de sua mãe.

Enquanto ela dormia seus sonos picados ela sem fazer barulho abriu um baú e retirou um vestido que a muito tempo ela não vestia. Lavou-o e, pôs para secar, avisaria Joaquina para arrumá-la e a deixar bem bonita! Olhou as pernas da mãe e se viu aliviada, estavam claras e com as manchas mais desinchadas.

Estava fazendo bem para sua amada mãe as visitas do santo padre.

Padre Miguel iria hoje ao encontro de Maria Meireles com outra visão. A história de vida daquela mulher, apesar de ser diferente da realidade dele, as angustias daquela senhora eram como as dele, parecia um espelho em que refletia a própria imagem.

Quando chegou logo que desceu da carroça percebeu tudo limpo, as tábuas da varanda foram lavadas bateu palmas e esperou. Ouviu alguém vindo, era ela bem vestida com os cabelos arrumados andando apoiada à bengala.

Veio devagar com olhares inteligentes e amigos:

– Boa tarde, seu menino! Como vai essa força?

Padre Miguel sorriu de volta, imaginando como seriam as partes boas da vida dela. Iria ser interessante saber... Entrou e ajudou-a a sentar-se e teve uma vontade: faria para ela uma cadeira melhor, ela deveria gostar desse presente! Meio dedo de prosa e já entraram no assunto da vida de Maria...

– Então... Continuemos, padre...

Fomos acolhidas na casa do coronel Epaminondas, havia comida de sobra, frutas que se perdiam no chão cada uma melhor que a outra, essas novidades não me traziam esquecimento dos meus pais, era como se eles participassem comigo naqueles momentos de prazer e em poucos meses ganhamos peso e saúde.

Mas em compensação era tanto trabalho a ser feito que nós levantávamos antes do sol nascer e mal parávamos para comer.

Dormíamos no celeiro em um catre sem colchão, mas não dava tempo de se preocupar com essas coisas, o problema era outro se chamava dona Gumercinda! A dona da fazenda, a tal patroa, padre Miguel... Como essa mulher era ruim! Nunca vi um sorriso dela, era tudo feito do jeito que ela queria e ai dos empregados que fugissem de suas regras. Estava sempre fazendo maldade para alguém, até seus filhos eram maltratados, meus pais eram duros, mas amorosos, sempre havia tempo para um afago nem que fosse na cabeça.

Ali não! Pais secos de coração, filhos medrosos e parentes ressabiados...

Ficamos nessa casa por três anos ou mais, minha irmã já estava também ficando mocinha e "naqueles" dias, quando vinham as cólicas, ela passava o dia inteiro varrendo o imenso quintal de sol a sol e chorando, esse era seu trabalho em troca de comida.

Quando a patroa ficava brava e dirigia a palavra à minha irmãzinha, essa criança ficava com tanto medo que, às vezes, urinava nas pernas.

Meu trabalho era a alimentação dos animais, eu arrancava mandioca para dar aos porcos e às galinhas, colocavam milho para eu socar no monjolo e também eu recolhia os ovos. Era serviço até ao anoitecer, cortei inúmeras vezes minhas mãos picando abóboras. E sempre com o firme propósito de ir embora daquela casa. Para mim ali era uma escravidão, eu em minha pouca idade percebia que nada de bom acarretaria para nós duas; se ficássemos a vida valeria apenas um prato de comida. E depois de tudo que havíamos passado? Não teria futuro no meu entender!

Um dia ao entardecer, na hora do jantar, estávamos na cozinha grande, minha irmã escorregou no piso molhado e para não cair segurou em qualquer coisa, arrastou a tolha da mesa e lá se foi um vaso que vivia com flores servindo de enfeite, o qual virou em mil pedaços.

Dona Gumercinda partiu para cima dela e deu-lhe um tapa nas costas e quando levantou a mão novamente para bater no rosto dela eu entrei em sua frente e a mandei bater!

O fato de enfrentá-la causou muita ira nessa mulher, ela cega de ódio virou-se e foi em direção ao fogão, pegou um tição fumegante e acertou minha perna.

E sabe, padre Miguel, essa marca eu tenho ainda e o senhor me desculpe, mas nessa altura de minha vida não há espaço para vergonha, dizendo isso levantou o vestido acima do joelho esquerdo. Ele viu na pele enrugada uma marca feia, típica de queimaduras, quando mal cuidadas.

Naquele dia mesmo, seguimos viagens sem destino outra vez, esperamos a noite chegar e com os nossos poucos pertences enrolados em uma trouxa, saímos tendo o céu e a terra como guarida.

Caminhamos dois dias mais ao Sul até chegarmos a uma *corrutela* chamada água suja, não sei ao certo o porquê desse nome, o rio era limpinho de dá gosto. Perambulamos pelas ruelas sem dinheiro só com nossos trapinhos.

O jeito que tínhamos era esmolar algo para comer, melhor pedir que roubar, isso eu não sabia fazer. Encontramos uma senhora no segundo dia que já perambulávamos por ali, pernoitamos em uma tapera abandonada, dona Susana, essa mulher, era velha, me pareceu boa pessoa e nos levou para a casa dela.

Achamos que finalmente alguém de coração bom ia nos ajudar, vestiu-nos e nos tratou com carinho perguntando tudo a nosso respeito,, tudo ela queria saber; lá pelas tantas umas duas semanas depois numa noite chuvosa, chegaram dois homens e ela nos vendeu.

Essa parte meu amigo, preservo-me no direito de calar-me. Foi de uma brutalidade tão grande que ainda hoje sonho com essa maldita passagem! Mesmo que eu vivesse mil anos, não conseguiria esquecer.

Padre Miguel a viu engolir a seco as mãos crispadas, mas se manteve firme ouvindo-a.

– Começa que lutei muito e apanhei tanto, ficando de cama uma semana tomando banho de sal grosso e ervas. Apanhei do tal homem e também de d. Susana, ela me chamava de ingrata e que havia feito tudo por nós. Essa mulher, que no início parecia ser boa pessoa, começou a cobrir minha irmã de presentes e coisas que jamais havíamos usado, vestidos, sapatos, perfumes e carmim. Eu cada vez mais triste e minha irmã em sua inocência estava feliz e mais homens voltaram.

Eu passei vinte e oito dias tentando convencer minha maninha para fugirmos. E ela ludibriada, a mando da velha passou a cuidar-me para que eu não fugisse. Sabe, padre… hoje fico pensando, ainda bem que meus pais faleceram, seria desgosto demais para eles perceberem o que vi, minha irmã parecia que havia nascido para aquela vida. Com pouco tempo ela mostrou uma falsidade sem precedentes as falas dela mudaram e a risada era como as das outras que ali chegavam, eu via contentamento no rosto dela ao repassar parte do pagamento do "serviço" para aquela mulher desgraçada! Isso para mim foi de um desgosto profundo, pois ela era uma criança que não teve outro modelo de vida, mas eu também não tive, seu padre, então por que ela se rendeu e eu não? Boa pergunta, meu amigo, e até hoje sem respostas.

Adoeci de mentira, escapava das noites enquanto que, para a minha pobre irmã era uma vida nova e cheia de aventuras! Hoje eu entendo, padre, ela achou naquela maldita mulher um carinho e um cuidado que não pude dar depois que nossos pais se foram e para falar a verdade nem eles. Ela não tinha consciência do preço que estava sendo pago, era muito criança e sempre foi medrosa. E para fecharmos o dia de hoje já que tenho coisas para fazer e você tem outros que precisam de suas visitas e de suas bênçãos, anos mais tarde, quando eu já estava amasiada com um português, que foi meu companheiro por uns tempos, eu voltei atrás de minha imazinha.

Ela havia sido assassinada! Mataram-na com várias facadas segundo contam. O homem que fez isso queria que ela fosse dele de qualquer jeito e diante de sua recusa... E foi assim, padre Miguel, que terminei sozinha nesse mundo de Deus!

Uma família que viveu de miséria, parece que nascemos para sofrer, a sorte devia estar em direção oposta ou nós pegamos o caminho errado. Quem sabe se ficássemos lá no sertão, em nossa tapera, hoje estaríamos sofridos, mas juntos. Vai saber não é?

Depois nós proseamos mais, por hoje já passei da medida meu coração não aguenta! Sinto cansaço quando penso nessas coisas e falar está me aliviando, mas é como são as feridas da minha perna, seu menino.

Dura por fora, mole e dolorida por dentro!

O padre saiu da casa dela mudando o caminho, dirigindo-se até as margens do rio; o coração desse homem parecia que sairia pela boca, sentando em uma pedra, levantou a batina colocando os pés na água, porque os pensamentos precisavam com urgência entrar em acordo. Os relatos de Maria entraram como punhal, virou-lhe do avesso, mesmo que quisesse na hora em que ela narrava, a voz do padre jamais sairia.

Teve que fazer um esforço sobre-humano para conseguir ouvir o que ela estava dizendo, a mente correu em direção ao passado prendendo-o de tal forma que só percebeu, quando sentiu um gosto de sangue à boca, mordeu os lábios na tentativa de parar a angustia!

Deu graças a Deus por dona Meireles não ter percebido, ela em seu relato ficava tão absorta que não percebia nada em volta! Tirou o chapéu, passou as mãos no cabelo farto já com vários fios brancos, olhando a natureza pura à sua volta e sentindo a alma esmorecida.

Seu pai fora um homem forte e destemido, provocava medo às pessoas no lugar do respeito. Compreensível até certo ponto, dono de muitas posses que foram aumentadas ao casar com sua mãe. As uniões acordadas financeiramente eram regras, os sentimentos viriam com tempo, se tivessem sorte... Sua mãe não teve!

As terras dos Bysmac, em que havia abundância de água pura, uma mina que formava um lago depois um rio descia em direção oposta as das terras dos Toledo. Não havia inimizades, e um bom casamento traria bons resultados, construíram dutos, esse desvio favorecia a troca de alimentos das lavouras entre as famílias e a fartura espalhou-se pela região.

No tempo de seus avos, fora construído o castelinho feito de pedras, bem arejado onde havia acomodações aos serviçais, as baías e os celeiros ficavam mais ao Sul, sua infância foi relativamente boa até seus 10 anos quando começou a perceber o mundo complexo dos adultos e conhecer a intimidade dos seus.

Seu irmão Antero era maldoso com os animais, sentia um prazer estranho ao machucá-los, o sadismo veio acompanhado ao seu nascimento. Leônidas o caçula era calado e estava sempre sofrendo maus tratos de seu pai e Antero. Ficando clara a preferência do pai pelo filho igual a ele!

Percebeu muito cedo que ele mesmo nem existia para seu pai, e foi fácil com o tempo saber o porquê. Era parecido fisicamente com sua mãe de tal forma que chegava a ser engraçado, isso explicava tudo. Era magrinho branco e alto, parecia uma gazela desengonçada. Anos mais tarde que veio a ganhar corpo. Ao contrário de sua mãe, essa sabia ser bonita, parecia uma pintura feita com esmero, mas doente da cabeça.

O estado de saúde da mãe de Miguel já era conhecido por todos mesmo antes de se casar, por isso ele achava o pai um canalha! Casou-se para ampliar seus bens. Sua pobre mãe era tida como louca e quando entrava em crises que duravam dias, ela era isolada da família. E "loucura" era ver pessoas que já haviam morrido, esse assunto era contado a bocas pequenas, trazia desgosto a seu pai acompanhado de ira.

E verdade seja dita, mesmo que hoje seja um homem cônscio das Palavras da Bíblia Católica Apostólica Romana, ele também os via naquela época, apenas jamais comentou! Não poderia correr o risco de ser também maltratado por esse motivo. Sua mãe vivia em uma casa bem grande rodeada de conforto e completamente só.

Era excluída por todos em suas festas, reuniões ou até simples contatos. Seu pai não a levava a lugar nenhum, segundo ele não iria passar vergonha carregando uma doida. Essas memórias traziam "saudades", balançou a cabeça e riu da palavra linda essa que esse povo arrumou para expressar um sentimento especial, o carinho de sua mãe para com ele era coisa Divina! Leônidas recebia também, mas era temeroso e estava sempre com os olhos apavorados com a proximidade dela. Antero se comportava igual o pai. Sua mãe era coerente, amiga, generosa, mas poucos sabiam, não lhes davam oportunidades de se expressar.

Quanta saudade de sua amada mãe! Que calvário meu senhor? Sua distração era a pintura, suas telas de rara beleza depois de prontas de alguma forma eram destruídas, certamente seu pai se encarregava disso. Hoje sabe bem que seu pai no fundo a invejava! Ela podia ter seus momentos de loucura, mas era íntegra, esse era o motivo. As pessoas com qualidades raras pagam caro o preço da maledicência dos invejosos. Essa lição de vida aprendeu vendo a vida de seus pais e foi um amargo aprendizado. Que pena que ele não tinha uma Maria Meireles para ouvir-lhe as mágoas. É claro que tudo isso fora motivo de confissões ao santo padre antes de aceitar a ordem, mas...

Confessar pode não significar esquecer!

Pedir perdão pode não representar liberdade.

Fazer a entrega sincera ao nosso amado Jesus, não nos exime da culpa.

Apenas nos acalma, nos dá força para continuarmos, e fazermos o caminho certo, dessa realidade ele não podia fugir.

Não estava em questão se estava escrito ou não dessa forma nas leituras que fazia, mas era esse o sentimento que lhe estava cravado a ferro e a fogo à consciência, ele podia fugir de tudo menos dessa verdade.

Dois fatos o marcaram de maneira profunda e para sempre. Quando sua mãe entrava em crises, por várias vezes na calada da noite, depois de uma alimentação farta com bastante vinho seu pai adormecia e Firmina agia, pegava a carroça e levava a mãe de Miguel para uma mulher ajudá-la.

Certo dia, em profunda curiosidade ele queria ver onde Firmina levava sua amada mãe, entrou escondido e foi junto, chegaram a uma cabana no meio do mato, ali uma mulher cigana as recebeu e ele fazendo barulho foi descoberto. Firmina ao recriminá-lo foi interrompida pela cigana, entre risos de uma e cara feia de outra, o levaram para dentro.

Na cabana, havia objetos jamais vistos por ele, feitos de cobre que pareciam ouro de tão lindos, mas havia peças magníficas também em ouro e marfim, muitos tecidos de seda de todas as cores. Deitaram a mãe de Miguel no leito macio cujo corpo afundou nos tecidos. A cigana foi ao seu armário pegando uma lata colorida e deu-lhes bolachas deliciosas, enquanto fazia isso convidava Firmina para a festa nos dias seguintes, segundo ela seu povo estava chegando!

Acendeu incensos, espalhando o cheiro forte no ar, e começou a passar as mãos por sobre a mãe do menino. Umas palavras estranhas, mas de sons bonitos, algumas repetidas várias vezes, a mãe de Miguel aos pouco foi acordando e depois adormeceu tranquila e sua expressão era de paz.

Essa senhora vendo sua melhora sentou em seu banquinho, seu rosto era de cansaço, sorriu para Firmina em cumplicidade, virou para ele dizendo:

– E você como vai rapazinho? Dê-me sua mão!

Pegou-lhe a mão depois de analisá-las disse-lhe:

– Você vai viajar para terras estranhas, uma vida rica de conhecimento. Muita coisa boa será feita por ti... És um abençoado! Mas antes disso um anjo vai rolar as escadas e você verá... A sua metade surgirá e você a perderá. O sol que já brilha em ti! Suportar-te-á.

Levou a mão do garoto aos lábios e a beijou com carinho. Ele sorriu com a boca cheia de bolachas, nos meses seguintes ouviu dizer que essa mulher havia falecido e sua mãe não teve mais ajuda. Segundo Firmina essa senhora sofria os males do coração, ficou muito triste ao saber disso, ela era a única além de Firmina que se importava com sua mãe.

Esses pensamentos o fizeram sentir uma dor muito forte no peito, sabia o que Maria Meireles estava falando, pediu a Deus piedade por ela com esperança de ganhar um pouco.

Levantou e seguiu seu caminho, era melhor esquecer isso por hora, a igreja já devia nessas alturas estar enfeitada para o casamento que logo mais realizaria, iria pedir saúde e paz aos nubentes com todo amor que lhe existia no coração. Quem sabe eles encontrariam a tal felicidade?

De fato, foi um belo casamento, a festa durou quase a noite inteira, isso era bom nesse povo, era uma alegria espontânea e contagiante, ele foi jantar na festa e participou da alegria dos pais, despediu-se e retornou à paróquia. A noite estava clara com muitas estrelas, teve até a pretensão de achar que uma delas poderia ser sua mãe! Coisa estranha essa vida... E a mente? Será que no futuro seriam desvendados os mistérios dessa parte do cérebro? Sentou-se à cadeira de balanço, o sono não iria vir mesmo, estava com seu passado vivo, parecia que estava passando em sua frente os anos amargos da infância distante.

Capítulo 4

Seu pai, certa vez, contratou uma família, para a colheita daquele ano, foram instalados em uma casa perto do lago, Esse trabalhador era pai de vários filhos e todos de alguma forma trabalhavam com afinco. Uma menina chamada Lucy foi designada para os serviços domésticos, passou a ajudar Firmina e Isabelle, uma criança de olhar vivo cujo cabelo preto era lindo e sedoso, mas ele nunca falara com ela, apenas sorria e ela retribuía.

Devia ter sua idade, conclui hoje.

Sua tia veio visitá-los e a pedido de seu pai levou sua mãe e Leônidas para passar uns dias na cidade, os dois iriam ao médico, Antero já havia começado os estudos no liceu na cidade grande, vindo apenas nas férias, foi um alívio vê-lo partir, parecia que a casa ficou vazia e uma espécie de paz instalou-se. Não precisaria mais se esquivar de suas investidas, por um bom período.

Acordou certa noite, o quarto estava quase no escuro, o pavio já estava no fim, ouvindo um barulho estranho pegou o candeeiro e ao abrir a porta uma rajada de vento o apagou, sentiu medo, mas o medo de ficar no escuro era maior. Precisava de outro candeeiro, tinha a intenção de pedir ajuda à Firmina. A parte de cima do castelo, no seu interior, fora construída de formas arredondadas; ao sair dos quartos o corredor dava voltas em todos os cômodos margeados pela escada bem trabalhada. No térreo, ficavam: sala, cozinha, biblioteca. Na frente do seu quarto, havia uma dependência em que guardavam as roupas de cama, era a única parte que tampava o campo de visão do resto dos cômodos, veio bem devagar encostado à parede em direção ao barulho. Mesmo em estado de pavor era melhor ver o que era, a luz do lampião na parede deixava clara as partes dos corredores.

Miguel estava com as mãos geladas nesse momento, como se estivesse no local da tragédia, Pequenas gotas de suor escorriam-lhe das têmporas, ao lembrar esse triste episodio!

Seu pai estava de calças arriadas, de costas para ele em cima de Lucy. Deu perfeitamente para ver a imensa mão dele tampando a boca da menina O barulho era da garganta dela, juntando aos pés que ela batia vez ou outra na parede tentando se soltar.

A criança sem chance desviou os olhos em desespero encontrando os de Miguel! Na posição que ela estava, exprimida no chão e a posição dele, um ficou a olhar para o outro.

Por anos aquele olhar o perseguiu, não conseguiu soltar um som sequer, ficando completamente paralisado, em seguida seu pai estalou o pescoço dela, levantou-se e a jogou escada abaixo, o corpo de Lucy rolou como uma boneca de trapo e foi caindo, Em seguida o pai de Miguel virou-se e entrou em seus aposentos fechando a porta, sem vê-lo.

Ficou ali sentindo a urina escorrendo-lhe pelas pernas. Anos mais tarde se deu conta de que um "anjo rolou pelas escadas" como disse a velha cigana. O barulho do corpo dela entrou em seus ouvidos, vindo a desmaiar. Quando o encontraram, deduziram que ele presenciara algum malfeitor cometendo esse crime na calada da noite!

Adoeceu por quase seis meses ficando entre a vida e a morte, chás, unguentos e sangrias, ficando o couro e osso e Deus na sua magnitude curou sua mãe! Ela ficou tão envolvida com a doença do filho que se curou. Ninguém sabia que doença era a sua, foi se recuperando aos poucos e no coração de Miguel seu pai morreu naquele dia, Estando com a saúde recuperada veio, a saber, que seu pai além de fazer todo funeral ainda procurou por dias o tal malfeitor!

A crueldade naquele ser que se dizia seu pai, deixou-o para sempre infeliz! Procurava não ficar á sós com ele de forma alguma, morria de pânico ao ser interpelado sobre aquele assunto, percebia que seu pai o cuidava caso ele viesse a tocar naquele episódio. Com o passar dos anos não houve mais necessidade de escusá-lo, ele nunca veio mesmo em sua direção. E se viesse? Não saberia nem dizer sua reação.

"Dona Maria Meireles, olha o que as suas histórias estão fazendo comigo"? Perguntava-se a si mesmo; coisa difícil de entender, a vida dela o levara agora a tão amargas reflexões! "Jesus, o que quer de mim?" Sentiu cansaço, mas não era físico, era da alma. O mais certo era entrar e reler os Salmos, nas palavras de Deus estava o remédio para si e para dona Maria. Se ele que era um homem de relativo estudo e compreensão das coisas da vida sofria essas amarguras, imagina a pobre de Maria Meireles?

As lembranças trágicas da infância, de qualquer ordem, podem tornar um indivíduo infeliz por toda uma vida. A mente de cada um absorve e processa de maneira diferente. Alguns saem dessas lembranças mais fortes, lutam e vencem. Outros se tornam verdadeiros farrapos em sua intimidade. Bendito seja Deus! Ele acha que foi um dos que venceu, mas ainda assim carrega no peito a mágoa até hoje, mesmo com seu conhecimento. Os pais, a família são referências fundamentais do equilíbrio na formação de um ser.

Dona Maria não sabe, mas ela era uma sobrevivente assim como ele!

Nos dias seguintes, as atividades intensificaram-se na paróquia, não só as festas se aproximavam como ainda teriam a visitas do monsenhor vindo da capital o que era uma honra para todos, fazia mais de dez anos que alguém tão importante assim ligada à Santa Madre Igreja não os visitava. Ainda ficou penalizado pelo fato das comemorações do Padroeiro da cidade ser umas semanas depois dessa visita tão ilustre!

D. Maria ficou sabendo da festa e dos preparativos, se alegrou por um lado e entristeceu por outro, com certeza seu amigo atarefado demoraria a visitá-la e foi com uma bela surpresa quando recebeu sua visita bem no fim do dia, depois dos assuntos corriqueiros ela disse-lhe que se estivesse aperreado deixariam para outro dia suas histórias.

Ele abriu um sorriso grande dizendo: – nada disso... Estou aqui e vamos continuar, basta espantarmos os curiosos.

Ela bateu a bengala gritando: – Joaquinaaaa... Venha cá, menina! Bota essa criançada para correr daqui e você também. Estou confessando, vão todos para o rio e não me amoleste!

Ajeitou o pesado corpo em uma posição melhor e começou sua narração...

– Saí da casa dessa velha Susana, escondida principalmente de minha irmã e fui para muito longe, mais de dez dias de viagem encontrei uns ciganos e eles me levaram, pelo menos dessa vez fui de carroça, uma ciganinha com dois filhos se apiedou de mim, encontrou-me chorando, caminhando sozinha por uma estrada, na verdade, eu chorei por dias por que acabara de vez minha família.

Ao dizer isso... Olhou para ele zombeteira... Se eu soubesse que teria filhos e netos? Não teria chorado tanto! Não foi fácil criar essas meninas.

– É dona Maria a vida é cheia de surpresas, nunca sabemos o dia de amanhã.

Mas enfim chegamos aqui nessa cidade de Januária, bem que eu gostaria de acompanhar os ciganos, mas eles não deixaram, disseram que já havia muita boca para sustentar e eu trazia "carma" ruim.

– Eu não trazia nada, seu menino! Nem pertences eu tinha que dirá isso que essa cigana velha falou. Fiquei com raiva muito tempo da cigana velha que mandava em tudo, ela me tocou mesmo do acampamento!

Também decidi não chorar mais, chega de chororô. Eu já não tinha mais nada a perder, precisava agir pois nem roupa eu tinha, o jeito era esmolar, era hora de a Maria Valente tomar a direção da sua vida caso quisesse sobreviver! Pedi esmola em uma residência, um prato de comida, uma muda de roupa e um pedaço de sabão.

Ela começou a sacudir o corpo até a gargalhada sair... E foi impossível não contagiar Miguel.

– Você acredita, seu menino, que a mulher falou assim: "o sabão eu dou, o resto você vai pedindo de casa em casa"!

"Que seja, fazer o que?", pensei.

Na casa seguinte pedi comida e na seguinte ganhei umas roupas e também a atenção da dona da casa, ela me falou que na casa do coronel Junqueira estavam precisando de gente para trabalhar.

– Mas... dona Maria – interrompeu Miguel: – a senhora está me dizendo os Junqueira daqui?

– Esses mesmos... Quando eu fui contratada para a lida de ajudante na cozinha, Sinhozinho Antonio... Mas pensando bem vamos deixar para outro dia, por hoje já falamos demais. O senhor não acha?

– Sim, vamos. Eu vou indo, hoje já começam as festanças da igreja, a senhora vê se faz um esforço e apareça!

Ele saiu feliz ao vê-la melhor, estranho... Era, sim, uma confissão à sua maneira, estava percebendo a alma de Maria mais tranquila, como um dique que deságua lentamente.

Ele começou a perceber o que Deus estava querendo consigo.

Os ciganos!

Como a velha líder do grupo percebeu o destino triste de d. Meireles? E como a outra viu nas linhas da mão, a trajetória de sua vida?

Na Bíblia, está cheio de narrações dos enviados, o Espírito Santo sempre presente na vida de homens e mulheres especiais. Uma dádiva mostrando o caminho a ser seguido. Desde os tempos remotos os santos e anjos se fazem visíveis, trazendo alento aos sofredores. Poderes sagrados dentro da sagrada escritura!

Mas... E as outras religiões? E esses poderes... Seriam demoníacos? Serão todos excluídos do amor de Deus por não pertencer à determinada religião? Talvez estivesse mesmo ficando velho ou a falta de contato com a diocese não o atualizava dado ao fato de tudo ser distante e ficando muito só por tempos longos.

Era necessário passar ao largo dessas questões, não faziam parte dos seus postulados e quando faziam eram assuntos para sacerdotes especiais. Então... Era a idade mesmo, naquela fase de questionamentos escolhera o caminho, iria se limitar a ouvir, pensar e se calar, o mundo está cheio de opiniões e cada um tem a sua. Mas não conseguia fugir desse assunto intrigante, nos pensamentos dele as coisas do passado se mexiam, mandava-as embora e elas voltavam.

Chegou à cidade e já foi cuidar dos afazeres, haviam que acabar de montar as barracas, depois da procissão haveria o leilão e como sempre os ajudantes esperavam suas decisões.

A festa do Divino já havia movimentado as pessoas, a venda de velas durou o dia inteiro, todos queriam velas Bentas da missa anterior, trazidas pelo bispo em sua visita. Tudo estava pronto, os andores estavam todos enfeitados havendo até disputa de quem os carregariam, as filhas de Maria seriam as primeiras da fila, seguidas pelo povo.

Muitas pessoas de outros lugarejos chegaram para essa grande homenagem, alguns para pagar suas promessas.

O fotografo mambembe já estava com os braços doendo da quantidade de fotografia. As bênçãos foram aplicadas nas principais ruas, pessoas nas janelas, outras com altares expostos nas portas de suas casas soltavam fogos,. Em todas as janelas toalhas brancas de rendas e arranjo de flores, cada uma com sua dedicação.

As beatas tirando o terço com muita fé e o povo repetindo!

Padre Miguel sentia uma alegria imensa em ver esse resultado, o sorriso das pessoas para com ele era o seu pagamento. Os cumprimentos de todos era uma satisfação pura. No fim da procissão, enquanto ele guardava os santos e os objetos sagrados, ouvia que a festa já começara, riu do leiloeiro, ele teria muito trabalho pela frente, havia prendas que daria para os três dias de festa!

Perto das 22 horas a festa estava animada, entre a alegria das crianças e a satisfação dos adultos a sanfona do velho Salustiano era acompanhada pelo bumbo, dando um toque especial à música daquele povo e os fogos explodiam no céu...

Mas em meio a isso tudo, dona Albertina começou a gritar! Os fogos e a sanfona a fizeram gritar ainda mais alto.

A sanfona parou e todos sem palavras viram a mancha vermelha que se formou no peito de Matilde e a moça foi caindo nos braços de Albertina com os olhos espantados e falecendo em poucos segundos!

O silêncio que se fez por momentos deixando a todos sem ação, parecia que o mundo havia parado,. padre Miguel ficou perdido... O que fazer meu Deus? Socorrer o que já faleceu ou impedir uma tragédia anunciada? Ninguém ao derredor disse uma palavra, os gritos da mãe se fizeram ouvir e a indignação começou com um sussurro, para em segundos se fazer ensurdecedor!

Padre Miguel, deu extrema unção com mãos tremulas...

A festa esvaziou como que por encanto, os gritos enfurecidos de alguns e o choro dos parentes.

Matilde era moça já de idade passada da hora de se casar, segundo os costumes dessa gente. Ela gostava de Geraldo Fortunato, mas era impossível essa união, seus pais eram inimigos no passado, por questões de terras. Os integrantes da família Nogueiras da qual Matilde pertencia e os Fortunatos. Uma contenda segundo contam começada sem pé nem cabeça.

Houve época segundo os mais velhos, que um matava o filho do outro em forma de vingança e depois de muito sangue derramado e os velhos já falecidos, os mais novos foram cuidar da vida e a contenda esfriou perdendo-se no tempo e virando história.

Matilde no confessionário, uma vez relatou preocupação, porque Antônio Nogueira, um primo distante em grau de parentesco, a pediu em casamento e seu irmão concedeu a união, mas ela amava e era amada por Geraldo que era inimigo de Antônio desde crianças e as brigas de infância naquelas terras desconheciam a palavra "desculpe", não existia, uma contenda costumava ser para a vida toda. Ela temia a ira de Geraldo, ele sabia do amor dela por ele.

Miguel ao ouvi-la, pediu que confiasse em Jesus, além do mais Geraldo era boa pessoa e saberia entender, teria bom senso, afinal os tempos eram outros, com certeza, não iriam começar outra guerra.

Agora ele acabara de ver, Geraldo não entendeu!

Em meio à confusão, ouviu alguém dizer ter sido o próprio Geraldo que a matou! Não sendo ela dele, não casaria com Antonio Nogueira e padre Miguel conclui facilmente como esse era o raciocínio daquela gente. A festa perdeu o sentido, ficando ele, Josias e algumas senhoras, todas atônitas, sem saber o que fazer. Primeiro iriam cuidar das prendas perecíveis, guardariam tudo que fosse possível mesmo porque festa não teriam mais. E distribuiriam a comida entre eles e os carentes.

Os dias seguintes que deveriam ser de alegrias, seriam de mais tristezas e preocupações no meio desse sertão de Deus!

Do que já conhecia dessa gente nada de interessante se podia esperar. Sua ajuda seriam suas preces desde já começadas sem hora para acabar e se preparar para atender quem o procurasse.

Padre Miguel com os olhos ardendo e cansado ficou no velório até quase o amanhecer, sentia arrepio só de pensar o que viria pela frente, os ânimos de todos eram de vinganças e exaltados.

Como em todo lugar no mundo, os homens nessas horas se agrupam à procura de reparação, enquanto as mulheres já choram as mazelas que advêm.

O assunto que corria era um só! Geraldo despeitado, uma vez que já a havia pedido em casamento e lhe fora negado, tomou essa atitude, não sendo dele, não seria de mais ninguém, vindo de encontro ao seu raciocínio esse buchicho já corria de boca a boca.

A alma sensível do padre Miguel captava o desajuste emocional de todos. Mesmo as mulheres queriam vinganças, falar de perdão nessa hora era impossível.

Ao retornar a paróquia no raiar do dia, seu intento era se alimentar, dormir um pouco e voltar ao velório. O velho Josias já de pé lhe serviu uma xícara de chás sentando-se à mesa da cozinha com as mãos apoiando a cabeça.

O velho negro olhou-o e sentindo o estado abatido do padre comentou;

– Padre Miguel... Acho bom o senhor comer um pouco, hoje será um dia ruim... E os outros também.

– É verdade, Josias, preciso fazer minhas preces e descansar, mas antes vou tomar um banho, depois me alimento. Caminhou até o poço e desceu a corrente, ele gostava de descer a lata nas águas cristalinas, construíram a cacimba e calçaram de pedras nas laterais, as samambaias nasceram entre as pedras formando uma parede verde até no fundo.

Riu de suas elucubrações... Tudo no universo era magnífico, quanta beleza, mas quão poucos tinham olhos de ver... Todos nós achamos motivos para amarguras e não temos tempo para apreciar as obras da criação Divina! Tomou banho, comeu uma fatia de pão e fez suas preces, iria tentar repousar um pouco para estar descansado na hora do sepultamento da pobre moça.

Deitou em sua cama e o esperado sono não veio, muito pelo contrário, as atitudes de Geraldo diante da dor foram como as suas a tempos passados, como se não bastasse d. Meireles que o estava levando de volta em suas lembranças, mais essa!

Capítulo 5

Ao recuperar-se parcialmente depois daquela tragédia em sua infância, a vida tomou mais sentido para ele, sua mãe não mostrava como antes indícios das tais crises e se fazia mais presente, o diálogo com ela foi se revelando algo encantador, os dois saiam e passavam o dia fora pelos campos fazendo piqueniques. Ele carregava suas telas e cavaletes, enquanto ele pescava ou lia um bom livro, ela pintava quadros divinamente.

Seu pai sempre viajando visitando outras propriedades.

Leônidas, com a ausência de Antero foi se soltando, perdendo a timidez e tornaram-se grandes amigos. Os dias pareciam curtos para tantas brincadeiras, sua amada mãe dispensou a professora, agora ela mesma os instruía, antes de adoecer havia estudado, era de uma sensibilidade espetacular e uma mente criativa. As aulas eram depois das 15 horas todo santo dia.

Um dos cômodos sem uso foi designado para esse fim, os filhos dos empregados também foram alfabetizados por ela. Quando fez 14 anos, entre os presentes veio um que ele já sabia, no ano seguinte, iria para o colégio na cidade, foi com muito alivio que ficou sabendo não ser o liceu em que estava Antero, seu irmão.

Seria em uma cidade mais próxima, se ficasse doente novamente seria mais fácil chegar até ele.

Não soube, até hoje, quais argumentos foram usados por sua mãe para convencer seu pai sobre essa mudança; seu pai era conservador. No entanto, a tristeza de Leônidas não tinha fim, nesse ano mesmo ele seria mandado para o mesmo colégio de Antero. Adormeceu pensando em sua família, com uma nostalgia incrível, se pudesse voltaria aos dias felizes que vivera na companhia de sua mãe.

Acordou com o corpo dolorido e sentindo cheiro de comida, vestiu sua batina, calçou suas botas e entrou na cozinha. Dona Jandira estava almoçando com Josias, os dois o receberam com a mesa pronta.

– Vocês me deixaram dormir muito!

– Almoce, padre, vamos repor as forças – disse a senhora – mesmo porque o senhor passou a noite acordado e uma manhã de sono faz bem.

– Alguma novidade enquanto eu descansava?

– Sim, meu amigo, é por isso que estou aqui, mas Josias achou melhor esperar o senhor acordar, normalmente não há nada mesmo que possamos fazer!

Miguel parou o garfo no ar... Olhando-a e esperando o resto do assunto...

Jandira respirou e disse: – já saíram.

– Quem saíu senhora?

– Ora..., seu padre, os homens foram na captura de Geraldo, e vão matá-lo. E ela continuou seu almoço...

Ele levantou e sentou empurrando o prato; alguém precisava fazer alguma coisa! A milícia!

– Padre Miguel... Seu almoço, espere... Não há nada que se possa fazer...

Saiu correndo pela rua entrando na sala do delegado esbaforido e quase sem respiração.

– Boa tarde, delegado, ouvi rumores estranhos, acho que a tragédia se avizinha, é verdade que saíram atrás de Geraldo?

– Saíram sim...

– Mas o senhor é a lei! Não fez nada?

O delegado que estava cortando a unha do dedão do pé com sua faca afiada não levantou ao menos a cabeça para respondê-lo.

– Fiz, sim, seu "home santo", e se você é "cupincha de Deus" pode começar a rezar. Já despachei a milícia também.

– Mas... Delegado, ouvi dizer que foram também os homens da família Nogueira para matar o moço Geraldo!

– Sim, é verdade sim... Quem achar primeiro...

– Mas delegado você é a lei, pelo amor de Deus pode acontecer uma tragédia!

O delegado levantou os olhos dizendo; Pode, não! Já aconteceu, o senhor mesmo deu extrema unção, agora é assim mesmo por aqui... Além do mais o senhor, não é porque é vigário, que vai ensinar a minha missa!

Padre Miguel atordoado percebeu que com ele nada poderia ser feito, já se aproximava a hora do sepultamento; saiu sem despedir. Ao chegar ao velório, foi a conta de rezarem e o féretro já saiu com a cidade quase inteira... Na volta, veio conversando com a irmã da falecida e essa lhe falou algo muito estranho.

Segundo ela, uma semana antes, uma senhora negra chamada por todos de mãe Domingas a havia avisado que uma tragédia se avizinhava, uma desgraça grande estava rondando sua família.

Essa mulher em questão já de idade avançada, vez ou outra participava das missas. Diziam as más línguas, que ela falava com os espíritos e curava as pessoas. Ele nunca quis nenhum envolvimento com ela, essa era uma parte das qualidades de algumas pessoas existentes no mundo, que além de ser aquém dos seus conhecimentos, não faziam parte da religião que professava.

E também ele não quis mesmo se aprofundar nesse assunto, mas... Sabia não ser impossível, quando esteve uma vez ainda como missionário em terras africanas viu muitas coisas sem explicação que fugiam à ordem natural das coisas. Há mais coisa entre o céu e a terra que supomos.

Para ele a existência do céu, do purgatório e o inferno já davam muito trabalho! Havia motivos para seguir seus postulados a igreja proibia certas curiosidades. E do que já tinha absorvido por aqui, era a mesma coisa, as pessoas gostam de algo sobrenatural e era melhor esquecer esse assunto, um basta nas "crendices" ia bem ao seu caso.

Passaram-se duas semanas, a cidade em estado de alerta e foram todos sacudidos em suas expectativas, apareceu morto com um tiro na cabeça, Sinésio Fortunato, irmão de Geraldo!

Geraldo fora tragado pela terra e ninguém o encontrara. Nem a milícia e nem os Nogueiras era o que diziam, todos comentavam que os velhos tempos voltaram, agora era questão de dias e algum membro da família Nogueira também apareceria morto e depois, mais um dos Fortunato...

– Meu Jesus tende piedade!

Por quinze dias, parecia que o mundo lhe caíra aos ombros, a impotência para lidar com aquela ignorância era nova para ele. Nas conversas de Padre Miguel com as duas famílias, no sentido de perdão, de buscar a lei e dar um paradeiro nessa tragédia, parecia que ele falava para o vento.

Percebeu a brutalidade existente na alma dessas pessoas... Cada um tinha motivos próprios... O mais estarrecedor era o orgulho! Como se fosse certo e até certo ponto prazeroso, a cidade era dividida, uns a favor dos Fortunatos, outros dos Nogueiras. Esse assunto ganhou estrada, segundo contam, havia apostas em dinheiro nas mesas de bar.

Em estado de completa tristeza, resolveu mesmo assim numa tarde visitar Maria Meireles, no caminho viu uma senhora encurvadinha caminhando a passos bem lentos na mesma direção que a sua, foi parando a carroça e ofereceu carona, era a tal "mãe Domingas".

– Boa tarde, seu vigário! Ai foi Deus que te mandou viu? Já nem posso mais andar.

Ele desceu e ajudou-a subir, sentando-a ao seu lado.

– E então dona Domingas como vai a vida?

– A vida seu menino... É sempre boa, ruim é o que fazemos com ela!

Ele riu da resposta dela, já estava habituado com o linguajar daquela gente e já sabia que os mais velhos eram de muita sabedoria, em qualquer parte do mundo.

– A senhora mora aqui, há muito tempo?

– Sim, meu filho... Nasci aqui, meus pais eram netos de escravos, ainda sobrou muita coisa daqueles tempos, quando menina ainda presenciei algumas passagens bem tristes, sim. Se bem que quase não mudou muita coisa.

– E sua família, a senhora vive só, não é?

Não... Vivo não... Vivo rodeada de pessoas assim como o senhor, sozinho todo mundo é!

Miguel espantou-se com a resposta. Era verdade, somos sim sozinhos!

– Mas eu tenho filhos, sim; eles foram: um para São Paulo e a outra para o Rio de Janeiro! Eu fui duas vezes lá, uma ao Rio na formatura da minha filha, ela é professora e das boas! E meu filho se formou médico de mulheres em São Paulo, eles queriam e querem me levar, mas... Vou não!

Vou morrer por aqui mesmo, perto dos meus bichinhos, minha horta e nessas terras lindas de Deus!

De repente, padre Miguel percebeu o absurdo, desde que chegara ali deu ouvidos a todos, segundo os moradores dona Domingas tinha parte com o cão, fazia "mandingas", mas ninguém lhe disse que era mãe de filhos estudados e que aquelas terras eram dela e não vivia de favores.

Percebeu também a própria ignorância, estava tenso, o pescoço estava duro. Sentiu-se ridículo!

Estava sendo preconceituoso com uma senhora de um metro e meio cujas mãos eram calejadas, os cabelos brancos como a neve, ao sorrir o olhar era manso e mostrava dois dentinhos apenas na arcada inferior.

Descontraiu o corpo, pediu perdão a Jesus intimamente. Quem tiver sem pecado que atire a primeira pedra!

Resolveu mudar o assunto...

– Dona Domingas o que a senhora está achando dessa tragédia toda, envolvendo as famílias Fortunato e Nogueira?

Ela riu – uma desculpa... Uma bela desculpa!

– Como assim?

– O bicho homem, meu filho, se não tiver uma briga, não está feliz! Sempre foi assim na humanidade. Fazia tempo que a paz estava incomodando essa gente, isso aqui é um corote de pólvora, sempre foi e de repente, bum!

Ele não conseguiu segurar, gargalhou e ela também.

– Mas eu fui avisada do começo dessa contenda pelos meus guias, e sei como parar... Mas eu não posso, você pode, padre. Ele olhou duplamente espantado para ela.

– Como assim, posso?

– Pede ajuda para o coronel Junqueira, aquele peste ruim, ele pode!

– A senhora está dizendo que o prefeito pode fazer algo?

– Não... "zifio" esse é um "porquera" um pau mandado do velho, eu falo do que está lá na fazenda grande em uma cadeira de rodas. Ele já está com a minha idade, se eu ainda não caduquei com um pouco de sorte ele também não. Ele pode!

Padre Miguel ficou curioso – de que jeito? Ajudar de que forma? Mas... dona Domingas... se a senhora sabe, por que ainda não fez?

– Simples ele é meu inimigo... Uma vez ele me procurou e me pediu para fazer um "trabalho" queria que eu fizesse um mal para matar um inocente! Vigia... óia só; primeiro eu apesar de saber algumas "mardades" nunca fiz, essa parte eu deixei de lado em minha vida, se não for para fazer o bem, não faço!

Fazendo apenas o bem, a vida já é dura, imagina o mal!

– E minha vida não foi destruída por conta dele, porque ele tem medo de mim. Sabe seu, padre, nessa vida temos que usar em nossa defesa das armas que temos. Só porque acerto algumas adivinhações e algum remédio o povo tem medo de mim, que seja assim e me deixam em paz!

O raciocínio dela era incrível, Miguel espantou-se com a inteligência dela, a partir daquela conversa seria mais cuidadoso com os comentários de alguns fiéis. A língua, esse instrumento precioso do corpo humano podia destilar veneno. E se ela falava mesmo com os espíritos era problema dela e com Deus, se certo ou errado não seria ele com suas posturas seu julgador.

– Pare aqui, seu padre, essa estradinha me leva aonde vou e é pertinho... Muito obrigada, pela carona e pela conversa, dê lembranças à Maria Meireles diga a ela para continuar com o chá ainda é o único remédio por aqui...

Ele a ajudou descer ficou vendo-a dar seus passinhos encurvadinha com a bengala, quando começou a tocar a carroça ela o chamou;

– Seu menino! Está chegando notícias de sua terra e não são boas, se prepare, fica de olho no mensageiro.

Ele tocou e nem respondeu, apenas levantou a mão em sinal de adeus. Será meu Deus que ia ser sempre assim; entre a crendice desse povo, as Sagradas Escrituras e ele tendo sempre de fazer ponderações? Tocou o animal voltando às lembranças...

Voltou a pensar na morte inexorável que é a todos, posto que foi trágica sua experiência quando ficou cara a cara com ela pela primeira vez, na morte daquela inocente. A Segunda foi seu amado irmão, ele que ficou meses acamado sobreviveu enquanto Leônidas pereceu em uma queda de cavalo aos 18 anos. Sua amada mãe embranqueceu os cabelos em poucos dias de tamanha tristeza!

De uma coisa ele sabia, pode-se ter a fé que tenha quando a morte chega, dói demais essa separação, Deus conforta, sim... Mas os que ficam se sentem sós.

Ao chegar ao rancho, dona Maria estava na varanda, já o recebeu rindo e de pé!

– Bom-dia e seja bem vindo amigo, já estava preocupada! Maria Abadia vai fazer uma limonada para nós, está muito quente hoje, se achegue e sente-se... Como vão as novidades se é que podemos chamar assim?

–Ah... dona Maria está difícil...

– Sabe, padre, eu acho que podemos deixar nosso assunto para depois, o senhor já deve estar de cabeça cheia!

– Não, seus "contos" me têm ajudado de certa forma e eu vim com prazer, além do mais parece que todos estão surdos para as questões Divinas nesse momento.

– Eu sei, seu padre, é por isso que eu não acredito na existência do demônio. Está tudo dentro da gente mesmo. Basta uma coisinha de nada e lá vão todos para a tragédia. O senhor vê que absurdo matar uma moça porque ela não pode casar, com a quantidade de moça que existe no mundo e sozinha... E agora onde quer que Geraldo esteja é responsável por essa carnificina.

A moça serviu limonada com biscoito de polvilho e já avisou, havia começado a moagem de cana nas suas terras, ela levaria no outro dia rapadura e melaço fresquinho.

– Mas então dona Maria, vamos continuar? Acho que hoje, suas historias podem me fazer bem, pelo menos elas passaram...

– Padre, eu nem sei onde parei, fiquei em estado de choque com as noticias novas!

– A senhora foi contratada na casa do Antonio Junqueira.

– E verdade. Parei aí e balançou sua velha cadeira.

O olhar era vivo, quem sabe o assunto dela juntando ao de "mãe Domingas" as peças se encaixavam... Mesmo porque a velhinha disse que ele podia parar a contenda, mas não disse como. Ficou tão preocupado em não ofendê-la dizendo algo que não devia diante da idade avançada dela que se esqueceu de perguntar de que forma ele poderia e ela não!

A tal ajuda com o coronel Antonio Junqueira.

Capítulo 6

– Quando fui contratada, esse menino, Antonio filho que hoje é prefeito era nenê de colo e acima uma escada o mais velho já com 17, o Abílio Junqueira. Naquela casa, eu trabalhei por muitos anos quando sai de lá Antonio já estava com 12 anos. Vi e convivi com as maldades desse homem e todas essas terras que ele tem, há uma morte no meio.

Dominou essa região e ainda domina.

Os filhos todos foram estudar na capital, menos Abílio esse era o braço direito do velho, ele aos poucos foi se encarregando de tudo, mesmo porque o velho comprou umas terras no Estado do Pará e ficava fora por meses. O que era muito bom, a patroa que Deus a tenha em bom lugar, era muito boa pessoa, em compensação seu marido foi um cão sarnento.

Eu nem vou entrar nessa parte, porque esse pedaço de história não é minha, mas... Olha como essa mulher sofreu humilhação e maus tratos. Não podia passar um dia inteiro sem ele fazer alguma. Pagava direito, isso é fato, mas só de resto...

Eu, seu padre, nunca contei para ninguém que eu e minha irmã fomos estupradas, o senhor é o primeiro que sabe disso... Tornei-me uma mulher desconfiada, todos podiam a qualquer momento me machucar, apesar de não ser bonita eu não era também tão feia e de alguma forma o coronel nunca mexeu comigo.

Parece que ele percebeu que se fizesse isso não ia ser nada bom. Eu falava pouco e fazia o serviço bem feito.

Com o tempo conheci um homem chamado Joaquim Morais, era um português bem mais velho que eu, esse homem gostou muito de mim e fui morar com ele, sem deixar meu emprego, eu trabalhava e a noite ia para casa, ele ficava triste porque ele era bem de vida e podia me sustentar.

Mas... Como disse, não mais confiava...

Vivemos juntos cinco anos, ele adoeceu ficando meses na cama e eu sai da casa do coronel e fui cuidar dele, para minha surpresa depois do enterro os documentos foram-me entregue pelo tabelião. Essas terras e a casa da cidade onde mora Joaquina e os móveis eram meus por direito, ele deixo-os para mim.

Bateu-me muito remorso, eu nem consegui gostar dele direito! Pessoas como eu, seu padre, é muito difícil amar alguém, há de se ter confiança no amar, eu não confio!

– Esse pecado eu levo. Voltei a trabalhar novamente na casa dos Junqueira, mas foi a pedido da mulher dele, ela era boa e estava doente, queria que eu a cuidasse. Dois anos depois casei com Herculano.

Foi até um bom casamento no fritar dos ovos! Herculano, meu marido, era muito trabalhador e empregado do velho Junqueira, vivia lá pelas bandas do Pará. Um mês aqui e uns punhados lá, mas eu nunca saí daqui. O tempo foi passando e os filhos do velho Junqueira foram crescendo, a mulher sempre doente e eu fui ficando por ali, fazendo meu trabalho, ainda não tinha ficado grávida.

Abílio começou namorar uma moça pobre, mas muito bonita. Essa moça chamada Maria Auxiliadora era uma professorinha que chegou por aqui para alfabetizar a criançada. Apaixonaram-se de verdade e o coronel Junqueira não aceitou a união de jeito nenhum, Abílio deveria se casar com moça rica.

E escolhida por ele!

E ai começou o drama de Abílio, ficou desgostoso com o pai pois afinal cuidava de tudo. Os irmãos na cidade do Rio de Janeiro estudando, ele na fazenda era suporte para todos os negócios e era mesmo. Ele podia não ter estudo, mas a moça tinha.

E a moça fica grávida! Abílio largou o pai e se casou com ela.

Mas poder é poder, virou uma queda de braço entre pai e filho. Abílio saiu e foi levar um gado, de patrão virou empregado foi trabalhar com outro homem, até hoje seu padre, todos por aqui pensam que foi o acaso, o destino, mas não foi.

O próprio pai mandou matar o filho!

– Minha nossa senhora, dona Maria...

– É, seu padre, foi assim... Mas por hoje chega, vai cuidar seus paroquianos, a coisa não está boa para o seu lado, ainda pode haver muito defunto encomendado.

–Vai com Deus, meu filho, que Jesus ajude em suas orações e amoleça um pouco o coração desse povo.

Realmente ele precisava voltar, hoje não era conveniente, viera apenas em função dos compromissos com ela...

Miguel saiu atordoado pedindo a Deus forças para fazer alguma coisa. Ele sabia, não era estúpido, o ser humano é complexo, cada um sabe o que quer da vida, tem o direito de exercer a própria liberdade, mas... Meu Jesus, por misericórdia, essa guerra ia levar inocentes! E outra, dona Maria acabara de dizer que o coronel matara o próprio filho e é justo este que dona Domingas diz que pode ajudar?

Precisou de muito equilíbrio íntimo, para por os pensamentos em ordem ao longo do caminho de volta e ao chegar à capela encontrou uma novidade.

Uma carta dos seus do outro lado do mundo!

Lembrou-se de "mãe Domingas"!

Ao tocar o papel, sentiu os seus dedos duros, a mesma sensação de quando recebeu a primeira carta longe de sua família quando estava em missão na África. Essa carta trazia notícias do falecimento de sua amada mãe!

A outra carta dessa vez já no Brasil, quando chegou a Salvador, relatos de sua tia Elisabete, irmã de sua mãe, e sempre notícias tristes!

Seu pai havia casado novamente nessa época, ficou infeliz, seu pai não só foi um carrasco, como ainda nem respeitou o período de luto, essas tristezas que lhe acometiam não eram por falta de perdão aos seus ou de entendimento da vida, hoje ele sabia , era amor pela mãe e pelo pai, , amava também seu pai ainda, sim, apesar de tudo. Isso o deixava intrigado como amar alguém tão sem caráter?

Era uma alma infeliz, cometeu muitas barbaridades com a vida das pessoas, e Miguel sabia que purgatório seria um paraíso para seu pai, comparado ao que ele mereceria.

Mas há muito tempo, quando pedia pelo seu pai era de coração puro, um desejo honesto no sentido de que ele estivesse com Jesus, e agora essa carta!

Josias chegou à porta chamando-o, um dos membros da igreja precisava de umas palavras suas, saíu e deixou a carta em cima da escrivaninha para depois... Passou a tarde resolvendo pequenas coisas relacionadas ao seu oficio, quando o sol se pôs, fez seu terço e finalmente deu o dia por encerrado.

Josias ia viajar, ficaria uns dois dias fora, sua filha dera à luz, ele era avô novamente, pediu esses dias para conhecer o novo neto, Miguel ficou aliviado com essa noticia, veio em boa hora, estavam muito difíceis para ele esses dias e um pouco de solidão lhe faria bem.

Abriu finalmente a carta que era de seu sobrinho Artur, Seu irmão Antero havia falecido!

Sentiu uma dor no peito, parecia que ia explodir, abriu a janela e recebeu o ar fresco da noite estrelada, levantou os olhos para o infinito, agradeceu profundamente a Deus por ter-lhe extirpado do coração todas as mágoas que havia em si em relação a ele no passado.

Sentiu a graça do perdão, hoje podia chorar pelo seu irmão de sangue e em Cristo, e, nesses dias, parece que Deus resolveu testá-lo um pouco mais. Sentindo angústia saiu e foi caminhar em seu jardim, via as luzes das casas em volta da praça, os movimentos das pessoas através das janelas de suas casas, quantos estavam como ele nesse momento?

Esperava do fundo do coração que fossem poucos. Sentou no banco de madeira recebendo uma brisa calma e voltou ao passado mais uma vez.

Quando fez 20 anos, no último ano do colégio, já era um rapaz culto, falava três línguas fora o latim e a sua, sempre fora apaixonado por essa questão de diferentes culturas. E já estava em estágio avançado no estudo da arqueologia. Sua vontade era um dia se tornar um pesquisador do passado, seu sonho era visitar as pirâmides do Egito.

Veio a conhecer em um dia de recital, uma senhorita que era a mais bela mulher que já vira... Parecia um anjo, os cabelos claros da cor de mel, os olhos esverdeados, a pele parecia porcelana... Educada e gentil com todos, os alunos do colégio faziam tudo para ganhar um sorriso dela.

Mas foi por ele que ela se apaixonou!

No colégio, havia separações explicitas entre os alunos, os rapazes não se misturavam com as moçoilas, esses parcos encontros eram nas missas ou em algumas raras oportunidades em que as famílias faziam algumas festas. Eles se apaixonaram e se encontravam às escondidas pelo menos uma vez por semana com a maior dificuldade.

Havia um carvalho frondoso no jardim, era em um buraco daquela arvore sua caixa de correio!

Esse namoro já estava perto de um ano, os dois já estavam em fase de se casar e ele esperava as férias, iria falar com o pai da moça. Não via grandes impedimentos, ela era de família abastada e era isso que seu pai sempre buscou. Deus era muito bom, ele se apaixonou por alguém do seu meio segundo a tradição.

Nas férias, depois de trocar a última carta com sua amada em que já estava tudo combinado entre os dois, cada um foi para os seus em completa felicidade e expectativa. Quando chegou em casa foi com sua mãe que dividiu a felicidade.

Ela ficou encantada, seu amado filho ia se casar, com uma menina de uma família que ela conhecia.

No dia seguinte, seu pai que estava de viagem chegou e com uma visita inesperada. Dom Fhíllipe... O pai de sua amada!

Ao vê-lo em casa, tudo seria mais fácil, à noite no jantar ele iria pedir a mão de sua filha em casamento. Tomou um banho vestiu sua melhor roupa e sua mãe o ajudou a ficar bem apresentável. Ao descer as escadas, acompanhado de sua mãe, que também estava bem vestida em sua homenagem, viram a mesa posta e os dois homens brindando algo em completa felicidade. Ao se aproximarem seu pai levantou a taça novamente e os convidou ao brinde!

Estavam brindando o acordo do casamento de Alichia com Antero!

Ao ouvir essa sentença, percebeu que algo morreu por dentro, sentiu a mão de sua mãe apertar o seu braço até machucar e ela quase perdeu os sentidos. Retornou ao seu quarto com sua mãe escorada, suas faces eram de um sofrimento inigualável. Deitou-a em sua cama e sentou com as mãos dela entre as dele, as lágrimas escorriam sem conseguir contê-las.

E ainda ao subir as escadas de volta ao quarto com sua mãe, ouviu o tom jocoso do seu pai em relação à saúde de sua mãe.

Os dois sabiam que nada podia ser feito, um acordo como aquele era questão de honra. A menos que fugissem para nunca mais voltar. Se a vida toda Antero fora o escolhido, não seria agora que seu pai iria fazer algo a seu favor!

Na época ele fora, sim, um fraco, devia ter lutado, mas se fizesse isso, sua mãe não aguentaria mais essa contenda. A carta de despedida levou-lhe a alma junto, a que recebeu de sua amada, em que ela relatava não poder afrontar o pai e isso ele sabia de cor. Assim que ficou sabendo a data do casamento e que Antero viria para casa, entrou para o seminário uma semana antes.

Das raras vezes, que viu sua mãe depois disso, ela ia a seu encontro, jamais voltou ao castelinho e assim, com seus conhecimentos sobre a Bíblia Sagrada e sua religião, pelo sim ou pelo não, concluiu que a cigana acertou!

Sua metade se perdeu...

Sua amada mãe faleceu anos depois, foi ao seu túmulo rezar e levar flores, mas todos os dias há flores para ela, ali mesmo na capela ninguém sabe, mas uma daquelas roseiras é de sua mãe junto ao coração. Até isso Maria Meireles também faz com seu pé de cravo, no quintal, em homenagem à mãe dela, acabou sorrindo ao perceber a semelhança desse fato...

Quem o orientou nessa época de pleno sofrimento foi o padre Guilherme, amigo da família, por parte da sua mãe. No confessionário ele relatou-lhe a angustia e o padre disse que iria pensar e depois falaria com ele. Hoje ele sabe, naquela época foi à decisão mais acertada, padre Guilherme por conhecer bem o pai de Miguel, os desvarios de Antero, e também, o desequilíbrio de sua mãe, o aconselhou, sim, a deixar o tempo correr.

Não poderia esquecer-se da morte acidental de Leônidas, sua mãe mesmo com essa tristeza aguentou firme, mas uma briga entre ele e Antero seria a desgraça dela de maneira irreversível. Além do que, essa moça era sua primeira namorada, poderia nem ser o amor verdadeiro!

E padre Guilherme o chamou para uma viagem à África como aspirante a seminarista. Uns dois, três anos fora, iriam esfriar-lhe a cabeça, mas não significava que deveria ser um religioso.

Sua mãe apesar de triste achou melhor assim, conversou muito com padre Guilherme em separado e acabou contribuindo financeiramente para parte da viagem, que no começo iria ser bem sacrificada para o sacerdote.

Foi uma fuga da própria vida, das angústias, uma covardia, passou muito tempo magoado consigo mesmo, por não conseguir enfrentar a vida de frente com toda a alegria e desgraça que ela apresentasse.

Nos anos que passou na África, vivendo uma realidade da qual nunca imaginou existir, aos poucos a visão dele do mundo foi tomando outra forma, estudar um continente, a cultura de um povo, era diferente de conviver.

A miséria de um povo rico em cultura e de coração manso o contagiou, percebeu que o mundo de onde veio com suas riquezas, não estava disposto a fazer nada pelos pobres degredados da sorte!

Ao acompanhar a luta diária de padre Guilherme em ajuda humanitária, principalmente voltada para as crianças, começou entender que não importa se o mundo vire as costas aos infelizes, cada um de nós é um mundo particular, e nessa particularidade devemos fazer a nossa parte!

Foi assim que se decidiu pela vida religiosa. Quando voltou, ficou três anos estudando as Sagradas Escrituras, recebia visitas de sua mãe e jamais perguntava de seu irmão ou sua cunhada. Não conseguia, ela também não falava e assim foi passando o tempo. Tornou-se um missionário voltando para a África mais tarde.

Alguma coisa da família sabia pelas cartas dos parentes que não conheciam a historia dele na intimidade, sabia que seu irmão era pai de três filhos, esperava sinceramente que fossem felizes.

Ele entendeu, perdoou, mas jamais esqueceu e não se perdoou por ter sido omisso, desde quando criança ao presenciar aquele crime. A vida de Miguel foi como um jogo mal começado em que raramente ganhou uma partida.

A dedicação desse missionário aos necessitados antes de ser amor e compreensão das coisas Divinas e de ser um ato de desprendimento e solidariedade, era uma punição intima. A fé de Miguel em Deus foi a alavanca que o movimentou em direção oposta ao fracasso, a religiosidade o livrou de ser um homem amargo e rancoroso!

Quando evidenciou a possibilidade de vir para o Brasil encheu-se de esperança. Mas dessa vez já não era fuga, seria realmente uma missão, uma oportunidade de se relacionar com outros povos em nome de Deus!

Hoje com 54 anos, não podia se dizer infeliz, e essa carta com notícias tristes selava seu passado.

Esperava sinceramente que seus sobrinhos fossem bons filhos e cuidassem a menina Alichia, essa moça que um dia lhe mostrou outra forma de amor! Dobrou a carta e colocou cuidadosamente no envelope, na manha seguinte, seus paroquianos saberiam que ele rezaria por um dos seus.

E agradeceria intimamente Maria Meireles, parecia que o passado dela ao ser relatado estava preparando-o para um desfecho desses!

Acordou cedo, a primeira coisa que fez foi tocar o sino da igreja, avisando aos fiéis o novo dia, esse som hoje teve um significado diferente, era para sua família, que Deus a tenha! Realizou o santo oficio e em seguida foi procurar a tal mãe Domingas.

Saiu da cidade e tomou um caminho já conhecido, quando chegou a uma bifurcação entrou à direita; havia sido informado por uma das senhoras que ficou cuidando da igreja que Josias chegaria na parte da tarde.

Caminhou por entre o serrado e avistou uma porteira em que estava escrito sítio São Judas Tadeu.

Dos lados alguns pés de primavera em flor, uma cerca de arame por dentro separava as cabras de uma plantação de macaxera. Também uns eucaliptos altos e bonitos fazendo sombras e para estarem daquela altura via–se que foram plantados a muitos anos.

A casa era de alvenaria, sua pintura estava descorada por conta do sol intenso, mas percebia-se uma construção bem-feita com varandas dos lados, uma rede de algodão e algumas cadeiras de balanço por entre os vasos de folhagens. Concluiu que essa prosperidade deveria ser fruto do trabalho de seus filhos distantes.

Bateu palmas e esperou!

– Boa tarde, seu padre!

Ele levou um susto, ela estava atrás dele com uma bacia de feijão de corda. Se achegue, é com prazer que recebo sua visita depois de tanto tempo. Ele não a olhou, sentiu vergonha, era verdade, nunca havia ido a sua casa.

– Isso mesmo dona Domingas sempre há a primeira vez.

–Venha, meu rapaz, tenho uma broa de milho muito boa, ainda sou capaz de fazer algumas coisas. Sua cozinha era arejada, a janela abria para fora escorada com um bastão, sentou e achou melhor mesmo sem fome, comer a tal broa de milho. Quando ele ia tocar no assunto que o levou a ela...

–Venha, vou lhe mostrar onde faço minhas rezas; – disse ela.

Era um cômodo separado, do lado da casa e com uma varanda na frente, dentro um altar com vasos de flores naturais, o chão estava molhado ainda, percebia-se que fora lavado a pouco, uma toalha de renda branca cobria o altar. Havia um crucifixo grande de Jesus no topo, depois uma imagem de Nossa Senhora do Sagrado Coração, de São João, de São Judas Tadeu e outros, uma vela acesa e um perfume de incenso no ar.

– É aqui, seu padre, que faço minhas preces...

Padre Miguel não tinha o que falar, não entendia as práticas de Domingas e não estava ali para esse assunto. Elogiou seu altar, agradeceu por ela ter-lhe mostrado e saíram para a outra varanda e foi direto ao assunto que o levara até ali...

– Dona Domingas aquele dia a senhora me disse que havia como parar essa briga, entre as famílias Nogueira e Fortunato, mas como?

D. Domingas ajeitou-se em sua cadeira, cruzou as mãos no joelho e disse: – aqui por essas bandas, meu filho, tudo se ajeita com duas coisas; dinheiro ou favor, quem tem! Tem!

As duas famílias devem muito para o velho Junqueira, aquele peste ruim, aliás, poucos não devem. Você que é homem santo, com jeito pode cair nas graças dele, e ele colocar um paradeiro nessa contenda.

– Mas dona Domingas eu não entendo...

– Eu sei, é difícil para você que veio do outro lado mundo, estudado, um representante de Deus na Terra... Mas aqui é assim mesmo, a lei é dele, ele mesmo sendo velho manda em tudo. E coronel Thiago Borges que é outro poderoso e mais novo está só esperando a morte do Junqueira, para ser a vez dele mandar também.

Essa é a sua única saída meu filho, já que se empenhou em ajudar.

– E de resto nossas orações, as suas e as minhas! Cada um faz o que sabe. Estão inflamados os ânimos, já já aparece outro morto da outra família.

Padre Miguel ouviu aquela velha sábia, e fazia sentido tudo que ela dizia.

– Dona Domingas, eu não sei nem por onde começar a abordagem com o coronel Junqueira, eu o vi raras vezes!

A velha começou a rir. Bom, da mesma maneira que você fez comigo, afinal nós também nos vimos muito pouco; não é? E você pode levar munição, é, meu filho... Munição! Artimanha e política.

– Meu Deus dona Domingas assim a senhora me assusta!

– Meu filho nessa vida uma "mentira", às vezes, salva muitos inocentes...

Padre Miguel sentiu um arrepio, nessa ela o pegou. Quantas vezes ele mentiu para salvar os seus? Calar-se é omissão ou mentira?

– Vai lá, meu rapaz, fala com o poderoso coronel Junqueira, a vaidade dele é sua saída para a paz entre essas famílias.

– Certo, acho que estou começando a entender; a senhora está dizendo que eu devo enaltecê-lo?

– Bom... Dona Domingas muito obrigado por enquanto, e vou ver o que faço. Foi um prazer falar com a senhora, vê se aparece na igreja mais vezes, será um prazer para mim.

Saiu mais calmo, pelo menos era uma saída, caberia a ele o poder da negociação, mas antes iria continuar sua busca, Maria Meireles poderia dar-lhes novos elementos a respeito do coronel Junqueira, agora tudo que pudesse saber seria bom. Seguiu reto para o sitio dela, hoje se fosse preciso, pediria a ela mais elementos.

Dona Maria o aguardava por dois bons motivos, um deles é que estava lhe fazendo bem seus diálogos e o outro era saber a quantas andavam as novidades dessa gente.

– Bom dia, dona Maria, hoje eu até peço que me diga mais coisas, mas antes vou dize-lhe por que! Relatou a ela a conversa com mãe Domingas.

– É verdade, sim, seu menino, pode ser uma saída, todos aqui de certa forma devem algo ao homem. Raros são aqueles para quem ele deve! Exemplo; Mãe Domingas, João Socó, e eu.

– Mas... Sente-se, não se angustie não, aprendi uma coisa, padre, certas coisas na vida de cada um quando há de acontecer só por Deus mesmo. Eu preciso lhe contar o que ouvi da boca do próprio coronel.

– Assim você sai daqui, já sabendo com quem vai lidar! Vamos descascando esse amendoim enquanto proseamos, ai você já leva um pouco, a safra foi boa, graças a Deus.

– Parece que suas filhas vivem bem; não é, dona Maria?

– Vivem, sim, meus genros são bons pais de família.

– Mas continuando... Naqueles dias, o velho Junqueira estava muito brabo, não se conformava de seu filho casar sem seu consentimento, fora uma afronta, ele virara chacota na cidade inteira!

A patroa era uma mulher doente sempre com dores de cabeça e no fim do dia, ela pediu-me um chá; eu fui fazer deixando-a na sala, do lado de fora perto da janela, havia um pé de erva cidreira onde eu fui buscar ramas, quando levei a mão na planta, ouvi os gritos do coronel.

Ele dizia a ela que chorava copiosamente: – Eu sou o pai, eu coloquei no mundo, eu posso tirar!

Senti um frio na barriga, ao ouvir isso, com todo o cuidado, olhei pela janela e ela estava de joelhos pedindo pelo amor de Deus! Ele estava de costas com as mãos na soleira da janela e nem olhou para sua mulher. Umas duas semanas passadas desse fato, o moço apareceu morto, ficando como culpados ladrões de gado, uma vez que junto sumiram algumas cabeças.

O sorriso morreu para sempre nas faces da patroa, a doença assolou e ela vivia acamada, e ele com a alma lavada!

Dizia para todo mundo que isso aconteceu porque seu filho inventou de sair de suas garras.

Miguel não duvidou de nada do que ela dizia, continuou com os olhos atentos ao relato!

– Continue, dona Maria, por favor...

– Sim vamos continuar... Começou a sair um comentário que fora o próprio pai o mandante, o senhor sabe como são essas coisas, caem na boca do povo, vai saber quem ele contratou pra fazer o serviço? O coronel para se retratar, fez algo que para todos era uma reconciliação com a tal nora e a levou para sua casa! E realmente até mesmo eu achei que fosse, sim, consciência dele pesada, e quem sabe foram mesmo ladrões os autores do crime.

Afinal a moça esperava seu primeiro neto, a coitada da patroa, melhorou com essa novidade, as esperanças em ver a continuidade do seu filho em seu netinho. Os meses foram passando essa moça parou de chorar e foi ajeitando o coração, vindo a ser minha amiga de verdade.

Mesmo porque ela era simples e o senhor sabe como são as pessoas, se ajuntam com quem são seus iguais. A patroa era uma mãe para ela, mas amiga mesmo ficou de mim.

Padre Miguel ouvia e se encantava com a sabedoria vinda daquela mulher humilde...

– O amendoim, seu menino... – disse ela rindo – descasque, fica ai com o "zoio" parado... Até parece que o senhor não está acostumado com as "porcarias" das intimidades das pessoas...

– Desculpe, dona Maria, mas eu estava atento sim... Continue...

– Bom, quando foi chegando perto do parto, o lado ruim do destino começou a agir, porque é assim, se nascemos com o pé errado... Nossa Senhora, nada vira. Veja minha vida? Virou alguma coisa? Não, desde cedo!

A patroa adoeceu e teve que ser levada para o Rio de Janeiro, a esperança dela era voltar dali uns 15 dias o que não aconteceu, ficou por lá uns três meses em tratamento e voltou para morrer, não viu o neto e não durou nem uma semana na fazenda!

Certo dia, o coronel apareceu com uma novidade, mandou arrumar a carroça por que iríamos para a sede da outra fazenda, que eu fosse falar com o meu marido, pois que sua nora precisava de mim. Eu não estranhei afinal dona Julmira, a parteira, morava nas terras do coronel e era para aqueles lados.

Viajamos, e o coronel tratando essa nora a pão–de–ló, e eu em minhas desconfianças ficava atenta, mas fazer o que se a moça parecia estar bem e confiante no sogro?

Em um dia no fim de tarde, ela começou a entrar em trabalho de parto. Eu chamei o peão e disse que fosse buscar o patrão, eles estavam marcando gado, em outra parte da fazenda. Ele chegou perto das 20 horas e sem a parteira! Uma chuva seu, padre, que Deus dava... Olha se eu aguento uma coisa dessas, uma terra ruim de chuva... E nesse dia, o céu desabava!

Eu fiquei apavorada quem iria ajudá-la? O coronel disse que seria eu, sim... Que mulher sabe o que fazer, por natureza e que dona Julmira estava em outra região, sabe o que me veio em mente?

Eu juro, foi como um castigo de Deus! Se eu havia matado um... Então que ajudasse um a vir ao mundo... Levantei a cabeça, está certo. "Maria Valente estava ali a seu dispor", pensei comigo, e seja o que Deus quiser.

– Mas a inexperiência, seu padre, é um pecado, em certos casos, correu tudo bem, a natureza é sábia, nasceu uma menina linda, gordinha, branquinha como era o pai, eu acho que fiquei mais feliz que a própria mãe. Peguei a criança com placenta e tudo, mal a agasalhei e já a coloquei nos braços da mãe, ela chorava de felicidade.

E disse a ela que ficasse quieta, esqueci-me de pegar a tesoura para cortar o umbigo, a moça aconchegou o bebê ao seu lado e eu acho que ela estando cansada adormeceu, e eu me esqueci completamente do coronel, era um momento tão lindo, A mágica da vida!

E o senhor acredita que eu não conseguia achar a tal tesoura? Fiquei doidinha, pela casa, finalmente encontrei, estava num balaio em um quarto de despejo, lembrei de esquentar ela no fogo para não dar infecção, eu já tinha ouvido falar de mal de umbigo. E um dos casos podia ser esse.

Fui ao quarto e ainda soprando a tesoura para esfriar, ao abrir a porta; cadê a criança?

Veio-me um frio nas costas um pressentimento pavoroso!

Segurei o grito que veio em minha garganta, a mãe dormia com expressão calma, o meu desespero cresceu olhei no chão, quem sabe o bebê caiu? E vi mancha de sangue, espirrado pelo quarto, em direção à porta, sai e fui seguindo as manchas até a porta do quarto do patrão. Abri a porta com todo meu corpo, o quarto era grande e no fim do corredor, vendo a porta do imenso banheiro meio aberta entrei... Ele estava acabando de matar a criança afogada na banheira de porcelana!

Meu mundo escureceu, e perdi os sentidos...

Padre Miguel sentiu um bolo no estomago, pela expressão no rosto dela, devia ter sido a sua, ao presenciar seu pai e a menina! Se o bom Deus estava querendo mostrar-lhe como ele ficara naquele momento, Maria Meireles acabara de se incumbir...

Sem perceber levantou empalidecido, andou de um lado ao outro da varanda e a voz não saía...

Maria Meireles depois de um uns segundo respirou fundo e comentou:

– Sabe, seu padre, muito obrigado, o senhor é um homem abençoado, acabou de ajudar a lavar a alma de uma velha cheia de pecado! Acho que hoje eu vou finalmente dormir. Outro dia, eu termino de contar o que veio depois, por hoje parece que tirei o mundo das minhas costas.

Mas antes que o senhor saia daqui, achando que eu sou boa, fique sabendo que eu me vinguei com gosto! Essa foi a única vez na vida que fiz algo ruim do qual eu não me arrependi, o inferno me espera e eu vou para lá com prazer, por essa eu vou, sim!

– Vai, meu filho... Cuidar dos seus fiéis, eu vou ficar aqui pedindo a Deus por você!

– Até outro dia, dona Maria, me desculpe, mas fiquei atordoado com essas informações, afinal é com esse homem que vou falar; não é? Não sei por onde começar...

– Pelo seu objetivo, padre, apenas pelo seu objetivo!

Capítulo 7

Pegou sua carroça e graças a Deus não encontrou ninguém pelo caminho, pode ir sozinho com os pensamentos pessoais, o que já era carga muito pesada, o mais certo era chegar e fazer a novena com as beatas, eles faziam já cinco dias de orações para que a paz se estabelecesse em nome de Deus.

E no dia seguinte, iria sim procurar o coronel Junqueira. Jesus ia colocar-lhe à boca as palavras certas. Ainda bem que Josias cuidava de todas as necessidades da igreja, ele estava sem cabeça para muita coisa, dentro dele explodiu um mundo à parte em conflito com os acontecimentos exteriores.

Chegou à cidade, e viu a porta da igreja abarrotada de gente, já ia ficar triste e pensando ser mais uma morte, mas lembrou-se de que era a missa de sétimo dia de Sinésio Fortunato! Ficou tão atordoado com essas mortes desnecessárias a seu ver que se esqueceu por completo.

Entrando, foi reto tomar banho e já em seguida rezar a missa, enalteceu profundamente a necessidade do perdão, do amor em Cristo, a mansuetude da alma de quem sabe o valor da renúncia. Foi um sermão sincero e esperava do fundo do coração que o Espírito Santo operasse milagres nessa noite!

No final da missa, muitos dos presentes queriam um dedo de prosa, coisa que era normal naquela gente, ainda mais diante dos acontecimentos, mas quando dona Gerusa pediu uma confissão foi demais para ele!

– Ai, meu Jesus, socorro!

Dona Gerusa não confessava, fazia fofoca!

Ela sentava ao confessionário e dedilhava a vida alheia, nada era com ela e sim sempre com os outros, só mesmo muita paciência nessa hora! Fazer o quê? Ouviu-a e a mandou cuidar da vida dela e deixar a vida dos outros em paz e fazer dez padres nossos com suas Ave- Marias.

Com pena de Josias ficar também de castigo, retardando o fechamento da igreja que Deus lhe perdoasse, mas dona Gerusa já passava da medida! Afinal ele estava ali, para atender os necessitados não os desocupados.

Dirigiu-se aos seus aposentos, desgostoso da vida, hoje foram muito pesadas às informações à mente dele. Retirou a batina e guardou-a cuidadosamente no cabide, sempre levantou cedo e dormia cedo, hoje não conseguiria, era melhor ocupar o tempo fazendo as hóstias, elas estavam acabando, era um trabalho cuidadoso e prazeroso!

Quem sabe as ideias não surgiriam claramente?'

Josias arrumou sua janta, à mesa estava posta, comeu muito pouco, quando ficava triste o alimento não descia, sempre foi assim.

Da cozinha, saía um corredor largo, calçado de pedras sendo que algumas delas foram mal colocadas e quem não sabia podia tropeçar, quando chegou ali levou tempo para que a mente ficasse educada e desviasse naturalmente.

Tropeçou varias vezes até se acostumar, esse corredor que levava as outras dependências, uma biblioteca em que também ficavam os documentos gerados na paróquia, a sala em que fazia as hóstias sagradas, seu quarto e um quarto de visita para quando chegava algum irmão da mesma ordem religiosa.

E no fim do corredor outra porta que entrava novamente na capela interligando o ambiente. Lavou seu prato, tampou as panelas, com certeza, Josias ainda ia jantar, e saiu pelo corredor. O vento fresco fazia parecer que nada estava fora do lugar, como se a natureza não participasse vez ou outra das dores humanas. Ao passar em frente a biblioteca o candeeiro estando aceso, ele olhou o recinto e quase morreu de susto.

Seu irmão, Antero, estava em pé do lado da escrivaninha, vestido com um casaco preto e uma calça esporte típica de roupas para cavalgar, a bengala apoiada em uma das cadeiras!

O espanto do padre foi tanto que saiu tropeçando nas pedras do piso, quase caindo, entrou na capela e Josias que fechava as portas foi dizendo: – Graças a Deus não é, padre Miguel? Mais um dia!

Ele sem dizer nada foi saindo para o jardim,

– Meu Jesus!!! E essa agora?

O coração parecia que ia sair do peito e não era medo, foi susto! Quando menino cansou de ver tia Glerice, irmã de seu pai, o espírito dela andava pelo pátio do castelinho, segundo contam ela não morreu naturalmente, era muito ruim e rica, seus herdeiros se encarregaram de fazê-la voltar ao túmulo mais cedo.

E o curioso é que ela já era bem idosa quando morreu, mas ao vê-la ela parecia mais jovem, seu olhar era duro, estava sempre circulando de um corredor ao outro. Um dia sua mãe tomava sol, bem à tardinha, sentada em sua cadeira e ele juntamente com Leôncio, brincava de cavalo de pau, quando ela passou, ele olhou para sua mãe. Esta o olhou e sorriu, confirmando para ele que ela também havia visto. Em outra noite, quando a viu simultaneamente com sua mãe, ela deu sua mão a ele e saíram para o jardim a caminhar.

Você está com medo, meu filho? – Perguntou sua mãe.

Ele lembra muito bem, não era medo, era a mesma sensação de agora, um desconforto intimo! Sua mãe passou-lhe a mão à cabeça dizendo: – nunca fale disso a ninguém, se não vão pensar que você também é doente, entende? Vão dizer que você é louco como dizem de mim.

Esse vai ser nosso segredo. Vou pedir à Nossa Senhora para levar nossa tia daqui, e que você não a veja mais e depois do incidente com seu pai lembrou que nunca mais vira nada anormal até agora. Era, sim, seu irmão, Antero, que estava ali! Com todas as preocupações que havia, mais essa agora... Não faltava mais nada! Orou naquela noite ao seu irmão e à sua família, deixou o pátio e foi dormir, o dia seguinte seria cheio.

Mas o sono demorou a chegar, precisava encontrar equilíbrio urgente. Aquela cidade não precisava de mais contenda, os tempos estavam mudando, muita coisa boa estava acontecendo a vida ia ser mais fácil se os ânimos fossem acalmados. Não iria se meter em contendas de família, mas alguém havia que fazer algo, não havia outro jeito, com a mente em desalinho adormeceu...

Acordou com o sol nascendo, Josias já estava de pé, o cheiro do chá de alecrim deixava a cozinha convidativa, cortou uma fatia de pão e lembrou-se das hóstias que não fez, ficava para mais tarde, saiu pedindo a Josias que cuidasse de tudo e não falasse a ninguém onde ele fora.

Dessa vez sem sua carroça, cortou caminho entre a plantação de cana, quanto menos pessoas o vissem melhor. Chegou à fazenda perto das 9 horas, o sol já escaldante molhou sua batina. Dona Bina o recebeu e foi avisar o coronel, ficou na varanda sentado em uma cadeira velha e lembrou penalizado, não conseguira ainda fazer o tal presente para Maria Valente.

Ouviu o som de alguém chegando, era o velho em sua cadeira de rodas que ele mesmo movimentava...

– Bom dia, padre, que ventos os trazem aqui?

Padre Miguel o vira poucas vezes em sua igreja, o velho não saía. Devia ter sido um homem bem alto, os ombros ainda eram largos, apesar do corpo velho e os cabelos brancos, o olhar era inteligente e vivo!

Levantou e o cumprimentou pedindo desculpa por vir sem avisar.

– Esteja à vontade, padre, minha casa é sua casa! E com um gesto de mão dispensou a tal senhora e pedindo um café.

– Recebo, sim, santo padre, poucas visitas, mas não sou um mau anfitrião, sente-se e se ponha à vontade.

– Coronel, eu vim aqui me aconselhar com você, percebo que é o único homem capaz de fazer parar essas mortes entre os Nogueiras e os Fortunatos!

– E por que você acha isso, padre? – disse o coronel com um sorriso maroto...

– Simples, meu senhor, sua experiência de vida e sua influência nessa gente são as armas de que precisamos.

– Essa briga, padre, não é minha!

Nessa hora, Miguel em pensamentos pediu misericórdia a Jesus: "as palavras certas", que elas viessem...

Eu sei,, coronel, assim como também não é minha, mas são mortes desnecessárias, são vidas perdidas, o nome da cidade sendo tratado com desmerecimento, afinal o senhor trabalhou muito para que esse município fosse respeitado um dia e seu filho é um bom prefeito!

Além do mais você é ainda o único homem com prestigio aqui, está velho, sim, mas não morto! Se essa briga continua e aparecem mais mortes, daqui a pouco todos vão achar que esse lugar não tem mais dono e o caos se instala.

– E eu acho que o senhor ainda tem muito a oferecer!

Depois dessas palavras padre Miguel viu o velho tamborilar os dedos no braço de sua cadeira, e o olhar inteligente encontrou os dele.

–E, padre, você é um homem sábio, vou ver o que posso fazer...

Capítulo 8

Padre Miguel despediu-se e saiu deixando a cargo de Deus seu trabalho e nas mãos daquele homem orgulhoso, o destino de algumas vidas, era assim mesmo ali naquela região. Sentiu que sua participação naquela história estava feita, não iria mais interferir nas questões familiares, suas orações seriam feitas todos os dias, de resto era com Deus.

A igreja precisava de conserto no telhado e um cômodo precisava ser reformado, sua horta estava jogada às traças por conta de tantos acontecimentos, agora chega!

Também havia um limite para exercer ingerência na vida dos outros. Voltou aliviado, achou engraçado como um homem com tantos pecados poderia ser justo. Ele o salvador de outras vidas!?

O que ele deveria aprender com isso? Depois pensaria, por hoje chega!

As duas semanas seguintes foram produtivas, limpou a sua horta, refez o telhado e começou a catequização da criançada no período da tarde, foi convidado para algumas festas de aniversários e marcaram batizados. No domingo depois do almoço, visitaria Maria Meireles, estava tudo acertado.

Mas uma noticia ruim antecipara sua visita, fora chamado ás pressas, Maria estava bem doente.

Chegando à casa de Maria, suas filhas estavam presentes, uma gripe forte a derrubara, a preocupação estampada no rosto de cada um, mãe Domingas, a benzedeira, estava fazendo uns chás de ervas e preocupada, podia ser pneumonia.

Ao entrar no quarto, Meireles pediu que todos saíssem, ela queria falar a sós com ele.

– Bom dia, seu menino!

Ola! Dona Maria, o que aprontou dessa vez? – disse isso rindo tentando esconder a preocupação.

Nada não, meu filho, talvez seja minha hora e como não sei preciso hoje confessar o que eu chamo de meu único pecado! Por que os outros me obrigaram a fazer...

– Mas a senhora não devia descansar...

– Vou descansar muito, quando eu morrer, preciso falar...

A tosse a interrompia, várias vezes. Resignado, padre Miguel sentou-se para ouvi-la.

Naquela noite da morte do inocente, pelas mãos do demônio Junqueira, desmaiei. Ao acordar eu estava estirada no chão molhada de suor, atordoada e com os pensamentos todos perdidos, tentei levantar para ir ver a mãe da criança. Quando fiquei de pé, me segurando nos móveis e dei alguns passos ele falou atrás de mim.

–Aonde pensas que vai? – disse-me ele.

– Eu fiquei fria de medo!

– Se você abrir a boca e falar desse assunto com alguém, você não viverá para ver o novo dia! Já sabe do que sou capaz. E agora você vai lá e confirma minha história; a criança passou mal e como foste tu que fizeste o parto não foi responsável o suficiente.

– E depois se vá, suma daqui, e leve tudo que é seu, não é mais empregada dessa casa, seu pagamento mando levar amanhã! E terá um homem meu em seu encalço, ao menor sinal sua vida não vale nada!

Ao entrar no quarto, percebi que ele colocara a criança na cama do lado da mãe enquanto eu estava no chão desacordada, quando entrei a moça chorava e olhou-me com amargura e os olhos eram acusadores. Quando ia abrir a boca para falar algo em minha defesa o coronel atrás de mim esbravejou tocando-me e acusando-me de ter descuidado de sua neta e caminhou em direção à cama confortando a nora!

Saí, seu padre, sentindo-me a pior das criaturas, sabendo que, um bebê lindo como uma obra Divina acabara de ser assassinado por mãos do demônio! E saiu a notícia que fui eu quem fiz o parto errado nem mesmo se lembraram de que eu não era parteira, a culpa caiu sobre mim como uma luva, mesmo porque quem iria contradizer o coronel? Sabe quem é a moça, a mãe da criança?

– Não... dona Maria... não sei!

– Sabe, sim, seu menino, é a Dora, mulher de Pedro do armazém, é... Ela mesma casou com Pedro uns três anos depois.

Padre Miguel levou um susto, ainda hoje falara com ela, afinal era a diretora do colégio em que ele realizava as aulas de catequese! Era uma senhora já de idade com filhos adultos, responsáveis com seu trabalho.

– Por muito tempo, ela ficou com raiva de mim, achou que fui eu que não cuidei de sua filhinha... Fazer o que, não é? Afinal sua filhinha morreu e não pude tirar essa culpa de mim.

Miguel olhou penalizado para ela... "que destino triste o dela... Quanto sofrimento"?

– Falei para meu marido que se ele não viesse cuidar de minhas terras, nossas lavouras, essa casa, que o casamento estava acabado. E que se ele ficasse trabalhando com aquele peste ruim podia ir embora, ele entendeu que algo de muito sério aconteceu e veio de vez cuidar de nossa vida e jamais me perguntou nada...

Anos depois desse episódio, eu fui à casa de uma sobrinha de meu marido, lá pelos lados do Barreiro, aquele vilarejo novo que está se formando agora, saí bem cedo, minha sogra pediu para que desse um recado com certa urgência, coisa de família que não vêm ao caso, e para aqueles lados fica parte das terras do coronel.

Mas eu gosto de andar na mata pois acabo sempre trazendo uma raiz para casa.

Na passagem de um regato, onde quase ninguém passava mais por lá, por que haviam feito nova estrada e o povo sempre esperava uma carona para andar de automóvel, olha só o que o destino me faz?

O coronel estava estirado no chão desacordado, o cavalo deve ter se assustado com alguma coisa e o derrubado, pois pastava ao lado com a barrigueira mal colocada! Eu sentei em uma arvore caída e esperei... Lá pelas tantas ele acordou, tentava se levantar e não conseguia, perdeu-se as contas de quantas vezes ele tentou e de tanto se mexer ele me viu.

Eu senti muita felicidade, padre Miguel, ao vê-lo sem ter como se defender, Juro por Deus! Ver aquele assassino estirado no chão, como uma criança a pedir socorro, lembro-me bem das minhas sensações e do que falei.

– Bom-tarde, coronel, passar bem... – e sai caladinha com ele me gritando e pedindo ajuda, saí dali numa felicidade que jamais senti, era como se toda maldade acontecida comigo fosse vingada de uma única vez e pior; não comentei com ninguém.

Acharam-no, no outro dia já bem tarde, fiquei sabendo que quebrou a espinha... Eu sei, padre Miguel, que talvez essas feridas em minhas pernas possam ser castigo de Deus. Eu devia, sim, tê-lo ajudado, mas não fiz, e se for esse meu castigo pago com gosto! Hoje o senhor sabe da ruindade que levo no coração, são essas minhas amarguras... E obrigada por seu carinho em me ouvir, por hora ficamos assim até que Deus me chame, vou levando como dá. Mas um pouco aliviada em minhas angústias.

Miguel saiu do quarto e a deixou descansar, conversou um pouco com os presentes mostrando também sua preocupação.

Na hora de sair, mãe Domingas lhe pediu uma carona em sua carroça, saíram e ela queria saber da conversa com o coronel. Vários assuntos foram abordados ao longo do caminho até ela começar a contar as desavenças dela com o coronel.

Segundo ela, o coronel queria que ela fizesse uma "macumba" para derrubar a gravidez da moça que esperava o seu neto, filho do moço Abílio. A mente de padre Miguel trabalhou rápido, dona Maria Meireles acabara de contar como fora morta a criança e se viu perguntando:

– E isso é possível, dona Domingas? A tal "macumba"?

– Se é possível eu não sei, mas que pode atrapalhar muito, pode! O mal seu, padre, também é forte, basta analisar a vida, quanta desgraça podemos fazer na vida dos outros e estamos com corpo, imagina sem...?

Ele riu pois fazia sentido... Mas não devia ser assim, não! Dona Domingas estava equivocada, os bons estavam no céu, os medianos no purgatório e os ruins no inferno!

– Eu disse a ele que não fazia mal a ninguém quanto mais a inocentes, que meus guias não permitiriam e que ele não voltasse mais em minha casa.

– Ele saiu assim sem retaliação?

– Não dei tempo a ele de ficar bravo comigo, já emendei dizendo que vira o que ele fizera ao Laerte Batista, ouvindo isso ele saiu doido lá de casa e nunca mais voltou.

– E a senhora viu? Quem é esse Laerte?

Não... vi nada não, foi meu guia que soprou em meu ouvido e mandou-me dizer, e veja bem, nem sei o que foi e nem quem é esse Laerte! Os dois riram...

– Dona Domingas... Diz-me seriamente você fala mesmo com os espíritos? Ou melhor, eles falam conosco, como?

– Olha, padre Miguel, conheço muita gente como eu, aliás, o mundo está cheio de visão por ai, mas cada um analisa como quer ou de acordo com seus entendimentos. No meu caso, sempre vi e ouvi desde menina, assim como minha mãe e minha avó.

– E Eles falam quando estão sofrendo por conta da própria vida mal aproveitada aqui na terra, e os bons nos trazem conselhos que nos ajudam na vida!

– E o que eles querem dona Domingas, caso eu resolvesse considerar essa possibilidade?

– Ela riu... Bom, querem de tudo, perdão, preces, socorro, entendimento da nova situação em que estão vivendo, vingança, ajudar os que amam... E há também os santos e os ruins! Igual aqui mesmo, padre, sem tirar nem por.

– Dona Domingas a senhora é contra a igreja?

– Virgem Maria, meu filho, e porque eu haveria de ser contra a igreja ou qualquer outra religião, com quem está a verdade? Alguns que como o senhor tiveram a oportunidade de estudar são inteligentes, outros não, são assim como eu, mas de uma coisa eu sei, Nosso Senhor Jesus não quer saber de nada disso, no final, de cada um, Ele quer saber se o coração está puro! E tem um lugar para cada um de nós e esse lugar é de acordo com o que fomos e somos.

– Chegamos, aqui eu fico – disse ela já perto de sua casa; – obrigada pela carona, meu filho, venha qualquer hora para um café e olha, já esta quase no ponto o porquinho que estou cevando para ti.

Padre Miguel se viu encantado, ela era sim uma boa alma, não era sem razão o seu apelido, ficou parado, vendo-a caminhar, mas ela se voltou dizendo:

– Padre... Quando fores rezar para seu irmão, fale em voz alta, só assim ele vai ouvir e descansar, ele está atrás do seu perdão. Faça isso várias vezes... O padre Gotting nunca considerou a possibilidade de eu estar certa... E as coisas não ficaram boas para ele, não!

Miguel entre espanto levou a mão como se quisesse retê-la, meu Jesus, ela sabia do aparecimento do seu irmão!... Mas como?

O diário que encontrara era do tal sacerdote que ela acabara de falar... Conseguiu balbuciar umas palavras desconexas e tocou o cavalo, olhando várias vezes para trás.

Parecia que toda calmaria que ele havia vivido nesses dias em minutos resolveu virar de uma hora para outra em um pandemônio, como se de repente estivesse tudo de cabeça para baixo. Eram tantas informações que careciam raciocínios e o tempo parecia curto diante dos acontecimentos atropelados. Mas ele haveria de resolver, sim... Se a vida lhe trás problemas? A fé e esperança dele entrariam com a solução!

Ao chegar à cidade, mal ganhou a rua já foi sabendo da nova notícia, que por sinal muito ruim, Badico, o ferreiro, levou uma picada de cobra e estava no precário hospital, não faltava mais nada!

Era hora, sim, de se recolher em prece e só, na igreja, ao saber das novidades com mais clareza pediu a Josias um pouco de silêncio, ia tomar banho e orar!

Entrou em meditação, a paz da sacristia era algo sagrado para ele nos momentos de tristezas. Não só pediu misericórdia como entregou as angustias nas mãos do Pai, ele era Senhor absoluto da verdade, sabia bem que em toda história da humanidade o mal muitas vezes era a alavanca do bem, nossa pequenez espiritual não permitia uma visão clara dos nossos destinos e o grande pecado é o orgulho. O orgulho ferido era uma arma sempre pronta a atirar, e disse a Jesus intimamente a verdadeira intenção dele, era ajudar a preservar vidas de pessoas inocentes a seu ver.

Nessa noite depois desse colóquio espiritual, dormiu em paz, os dias seguintes ao saber da relativa melhora de Maria Meireles ficou muito feliz, quando desse a visitaria, começou as aulas de catequese e sempre que via a diretora, um sentimento de piedade entrava-lhe no coração.

O sacerdócio era isso, saber das verdadeiras mágoas das pessoas, ter a solução e as guardar para si.

Quanto ele gostaria de poder dizer a ela que Maria Meireles não deixou sua filha falecer! Mas Deus sabe o que faz... Visitou o senhor Badico no hospital, foi confortá-lo, as palavras deveriam ser consoladoras, objetivas e piedosas, mas carregadas de ânimo e sentimento positivo; afinal ser picado por cobras já é assustador e perder a perna pior ainda!

Seria um novo aprendizado para aquele homem, começar uma nova vida, como um renascer. Perder família, posses, era muita dor, mas perder algo do corpo da própria indumentária física, sepultar por partes o próprio corpo, deveria ser uma experiência estarrecedora! E levaria tempo essa aceitação

Certa vez na África, quando estava ainda na companhia do sacerdote Guilherme em uma das aldeias presenciara o sofrimento dos componentes, um garoto foi devorado por leões, encontraram poucas coisas dos restos físicos. A morte é algo natural a todos nós, mas aquela para ele fugia aos padrões normais.

Os membros da comunidade preocupados com a condição de espírito da vitima! As oferendas eram no sentido de ajudá-lo a encontrar a identidade como espírito e achar o caminho até seus ancestrais. Aprendeu com padre Guilherme a ajudar as pessoas sem agredir-lhes as crenças.

Como tudo era novidade para ele, reteve a impressão da tragédia em si, admirava o equilíbrio do padre Guilherme e naquela questão aprendeu muito com esse homem de Deus. Hoje ele iria se comprometer a ajudar Badico da melhor forma, assemelhando o mais perto possível do equilíbrio de padre Guilherme.

Capítulo 9

Houve depois desses acontecimentos uma espécie de calmaria nos ânimos rancorosos e a cidade entrava em outro tipo de burburinho, estavam chegando os festejos, para a comemoração da comarca, as escolas ensaiavam com a fanfarra todos os dias! O prefeito nessa época mostrava serviço, logo viria reeleição.

A banda municipal ganhou fardas novas e no fim do dia tocava no coreto da praça, antecedendo os forrós nos bares espalhado pela cidade, com certeza, o delegado teria muito serviço pela frente. A prefeitura e as escolas inclusive a paróquia ganharam tintas novas, apesar da bagunça estava tudo pintado e bonito.

Os alunos fizeram bandeirolas, enfeitando a igreja e as outras casas, mas nada se comparava a chegada do circo e do parque! Miguel espera com fé que esses dias fossem de calma, um descanso para seus moradores, afinal os nervos ficaram à flor da pele. Quem sabe, nesses dias, com tantos festejos o povo não se lembraria das alegrias que a vida proporciona?

As filhas de Maria Meireles estavam encantadas com a bondade de Deus! Não saberiam dizer se foram as ervas de mãe Domingas e suas práticas ou a confissão estranha de sua mãe ao padre Miguel, o que importava era que com a febre da gripe, foi junto o inchaço das pernas, a ferida estava já bem seca ficando apenas duas manchas escuras nas canelas. Aquela velha mulher toda faceira já estava dando trabalho, fazendo a própria comida e mexendo em suas plantas, e pelo sim ou pelo não Deus a benza!

Nessa festa, ela poderia rever os amigos com saúde e voltar a ser a mulher alegre e despachada que sempre foi, respeitando sua idade. Era até bom o sumiço do padre Miguel, ele iria ficar muito feliz ao revê-la. Maria Abadia precisaria da ajuda de sua irmã Joaquina para por certo freio à mãe, estava ela querendo ressuscitar o seu velho engenho, isso era absurdo!

O dia amanheceu bonito, o rio estava cheio de canoas com seus pescadores e seus afazeres, os fogos se confundindo com o sino da igreja pela manhã anunciando o dia festivo. Josias iria abrir a casa de Deus, logo os fiéis estariam chegando para a missa em benção pelo aniversário da cidade.

Os tropeiros com trajes domingueiros, laços coloridos no pescoço, fazendo par com as senhoras e donzelas enfeitadas.

Miguel estava sim muito feliz e riu intimamente quando no fim da missa, percebeu o esforço hercúleo dos seus fiéis para não correrem todos para fora, a passeata do circo estava na rua com os artistas enfeitados, o alto falante na boca do palhaço convidando a todos para o espetáculo noturno!

Era essa inocência que o encantava, mal sabiam eles! O sinal da cruz foi feito por muitos com a mão errada e os joelhos mal se dobravam e já saíam em disparada para verem a algazarra na rua. Depois da missa, acabou ele também festando um pouco e almoçou na casa do prefeito e seus comparsas.

Cumprimentou o velho coronel Junqueira, e não teve coragem de perguntar nada sobre suas conversas. Passou o dia entre um assunto e outro, lá pelas tantas o velho mandou chamá-lo para um dedo de prosa, coisa rápida, apenas lhe disse que: "aquele assunto estava resolvido". Voltou para sua igreja muito feliz, se os caminhos eram esses?

Que sejam!

Já havia decidido que não iria participaria dos festejos à noite, mas com essa "notícia" do coronel iria, sim, ver todos se divertirem e ouvir a banda um pouco.

Qual foi o espanto de Miguel ao ver Maria Meireles feliz e andando com uma alegria que parecia iluminada. Foram tantas palavras de agradecimento que o deixou desconcertado. Ele sabia que a confissão sincera traz paz, mas saúde já é com Deus e o merecimento de cada um.

Voltou perto das 20 horas, precisava fazer anotações, ler um pouco, se recolher e agradecer as bênçãos. Caminhava pela lateral da igreja com passos lentos e pensativo, ao virar o canto da parede dos fundos já perto da cozinha, viu seu irmão novamente, saído da varanda e sumindo na parede!

Sentiu um frio que lhe gelou a alma, parou, respirou fundo e prosseguiu, foi até o altar e ajoelhando-se fez uma prece em voz alta.

Não custava nada essa atitude e um pouco de humildade, e se mãe Domingas também estivesse certa? E que mal haveria em orar como ela disse? Pediu a Jesus pela sua família e ofereceu ao seu irmão Antero.

Em um ímpeto, levantou e foi buscar o diário do sacerdote Emilio Gotting, seria um segredo de confessionário, no momento seria quase uma necessidade, leria e ninguém mais saberia, mas algo dentro dele dizia que ali estariam muitas respostas, como lidar com essas coisas e a vida dos moradores, uma visão diferente, que se fosse para o bem, ótimo e se não fosse... Também saberia.

Pediu perdão por essa atitude, mas uma força maior o empurrava... Leria! Abriu o diário com respeito, já haviam acontecido coisas demais. E com as mãos geladas e a respiração ofegante iniciou a leitura...

Janeiro de 1.857, ano de Nosso Senhor Jesus Cristo

"Através dessas singelas palavras, eu, Emilio Gotting, em plena faculdade mental e controle dos meus sentimentos e raciocínio deixo aqui essa história verídica, da qual participei de maneira direta e indireta, apesar de todo esforço religioso por mim expressado não consegui resultados satisfatórios nem humanos e muito menos eclesiásticos. São fatos que marcaram minha existência, revelando minhas fraquezas, humanas e divinas."

Padre Miguel sentiu-se um intruso, as memórias desse irmão não lhe dizia respeito, por outro lado, ainda bem que foi ele que as encontrou, seriam sim... lidas e guardadas, em segredo, no coração dele. Se ele as deixou fora em esperança que um dia alguém as lesse.

Compreendeu a necessidade do ser humano em deixar algo de seu, mesmo que fosse um simples diário. Abriu o livro e continuou...

"Desembarquei nessa terra maravilhosa, perto dos feriados de Natal, dois anos depois assumi essa capelinha em precárias condições materiais, com muito trabalho e dedicação depois de dois anos, as acomodações tornaram-se apresentáveis. Aos poucos fui conhecendo os costumes desse povo, inocente de alma, porém mesclado de uma brutalidade quase animal. Os exploradores acobertados pelas autoridades e as leis existentes nessas terras, à procura de minerais e pedras preciosas, locupletavam-se de maneira pessoal e exclusiva, valendo-se das influências que possuíam, impondo autoridade aos desfavorecidos da sorte. Quanto a esse fato, isso não me dizia respeito. Minha estada aqui era para desenvolver a catequese, alfabetizar, realizar o Santo Ofício, batizar os pagãos, conscientizá-los do pecado original e capital".

"Deixar claro os dez mandamentos recebido por Moisés, um código Divino do bom viver na Terra e a passagem garantida aos céus para toda a humanidade. À medida que, foi passando o tempo, o envolvimento com a comunidade me fez cúmplice da vida deles. Conquistei verdadeiros amigos, realizei inúmeros casamentos e batizados, muitos se tornaram Católicos, me ajudaram a desenvolver meu trabalho, enfim, uma realização!"

"Se a vida seguisse o curso normal eu sairia dessa vida com a missão cumprida. Mas dois fatos, apenas dois, mancharam a minha consciência, um de ordem moral, e outro filosófica. Por necessidade e para preservar vidas inocentes, fui testemunha de desgraças desumanas."

"O castigo de Deus caiu sobre mim, maldito que sou... Pecador, indigno de sua bondade..."

Miguel achou melhor continuar no outro dia, estava muito feliz essa noite e sentiu que essa leitura lhe traria tristezas, guardou cuidadosamente o velho manuscrito em sua cômoda, passou a chave e depois a pendurou em sua cintura junto com as outras.

No dia seguinte acordou dolorido, uma noite mal dormida, os festejos espalhados pela cidade foram até o amanhecer.

A missa nessa manhã estava vazia, a cidade em silêncio. Terminou o seu trabalho e foi cuidar da horta pensando no diário, trabalhar com as mãos nessas horas era uma ocupação preciosa. Pegou um jacá e foi colhendo alfaces e rúculas, para depois lavá-las e fazer os pacotinhos e sair distribuindo.

As berinjelas e os pimentões estavam de dar água na boca de tão lindos. Na semana seguinte, já teriam tomates e as beterrabas, isso para ele não tinha preço, era pura satisfação.

O muro feito nas laterais da igreja era baixo, feito de pedras com pilares mais altos, de um ao outro, um muro construído em arco invertido, dando uma boa visão de quem passava na rua. Nos fundos, uma cerca de taboca completava protegendo a horta das galinhas e outros animais. Josias já havia arrumado sua carroça, logo sairia, para seu dia que já virara uma rotina prazerosa.

O sol estava maravilhoso, o vento calmo balançava as folhas do imenso pé de jambo, parecia um dia de muita paz e harmonia. Ao colocar as verduras no jacá desviou os olhos e avistou uns cavaleiros que vinham chegando, e mesmo de longe deu para perceber, não eram da cidade.

Continuou seus afazeres... Olhou novamente e percebeu um homem atravessado por sobre a sela do animal entre os cavaleiros, parecia que mais um havia bebido além da conta, maldita bebida, destrói a vida de um ser, reduzindo-o a um farrapo de gente. Mas de repente sua percepção mudou, pararam em frente à delegacia.

O delegado saiu e foi do nada ajuntando pessoas, a notícia caiu como uma bomba na cidade e para ele uma decepção sem limites! Crioulo Nogueira fora encontrado por aqueles cavaleiros, estava morto com um tiro no peito, caído perto do entroncamento de uma estrada a uns dois quilômetros dali.

O que teria acontecido? E o acordo com o velho Junqueira? O coronel disse que estava tudo resolvido? Agora estava feita a desgraça, começou a temporada de caça... Ficou tão desgostoso da vida, que se recusou a falar com as pessoas, entrou para seu quarto e pediu a Josias que dissesse a todos que não estava!

Já havia um falecido mesmo... Depois ele faria sua obrigação. O coronel não cumpriu o acordo!

Precisou de muita reflexão para não questionar a vontade Divina! Pediu perdão a Deus pela soberba, afinal Ele é o pai e não ele! Precisava com urgência parar de pensar que a vida daquelas pessoas estava sob a sua responsabilidade.

Esse era um caminho perigoso no qual ele estava se imiscuindo, o que o fazia pensar que poderia parar as adversidades de cada um? Só mesmo o orgulho faria essa trajetória!

E ele estava a pique dessa estupidez. Um pouco de humildade só lhe faria bem, iria rezar a missa do morto com outra visão. Os destinos de cada um não eram com ele, e voltaria ao seu equilíbrio íntimo com fé e disciplina!

A festa dessa vez não foi interrompida por conta de mais essa morte, as pessoas trataram como sendo um fato comum. Um cotidiano!

A vida, um Dom Divino, sendo tratada de forma banal e essas contendas eram justas aos olhos daquela gente! Essa era a realidade que ele não queria ver e estava sendo-lhe imposta goela a baixo, a indiferença das pessoas dessa vez não mexeu com ele, entendeu verdadeiramente, ele era peça fora do lugar.

Josias o olhava ressabiado, esperando uma conversa sobre o acontecido... Ele emudecido foi cuidar dos preparativos a ser realizado em prol do velório.

A partir desse dia, tomou uma decisão, não que as coisas lhe seriam indiferentes, isso não! Diferente seriam as atitudes dele, afinal ele estava entre seres que achavam que qualquer contenda deveria ser resolvida à bala. Limitar-se-ia, portanto a cumprir com suas obrigações, Noivou: casamento. Nasceu: batismo. Morreu: missa. E assim por diante.

A palavra de Deus, a Bíblia Sagrada, o coração bom, a boa vontade eram elementos pequenos para uma cultura estabelecida na base da brutalidade. Faria sua parte com amor, mas sem mais se imiscuir na intimidade das famílias.

Percebeu não estar ajudando, apenas com sua perplexidade diante dos acontecimentos poderia ao invés de contribuir atrapalhar e muito.

No dia seguinte, arrumou seu lanche e saiu com o diário, iria terminar de lê-lo longe dali. Dessa vez, saberia toda a história deixada por aquele irmão, quem sabe não estava aí a chave da porta do seu sucesso?

Procurou seu lugar favorito, um lugar alto, dali avistava o vale, o rio corria formando curvas, a pequena cidade parecia uma pintura. Sentou, abriu o manuscrito e entregou-se à leitura calmamente...

"Necessito relatar um pouco sobre minha vida, sou descendente da família Del Morales Chavas. Residente por quase duas gerações em Florença com fortuna, prestígio e respeito. Minhas tias, as únicas herdeiras d. Querubina e Maria Angélica, duas solteironas empedernidas, puseram fim em nossas futuras gerações.

Não encontraram um homem que atendesse suas expectativas para constituir família, suas exigências ultrapassavam o limite do bom senso. Assim se tornaram duas velhas amargas, ricas e fofoqueiras. Coube ao homem da pequena família essa 'responsabilidade'. E essa palavra não existia em seu vocabulário. No caso, esse homem era meu pai!

Desde cedo, jogatinas, negócios escusos, com muita dificuldade casou-se com Joana Biancê, os pais dessa pobre moça que veio a ser minha mãe, por alguma razão acharam que seria um bom casamento. Não conheci minha mãe, esta veio a falecer em meu nascimento...

Em dez anos segundo minhas tias, meu pai acabou com uma estrutura financeira de mais de 150 anos. Fugiu para outro país ficando eu sem jamais tê-lo visto um dia si quer, segundo minhas tias partiu quando ainda eu era um bebê. Minhas tias encarregaram-se de minha educação. "Não faltou um dia em minha existência que não fosse evidenciado o mau comportamento de meu progenitor."

Padre Miguel começou a perceber onde finalmente estava o começo das angustias daquele ser...

"Minha educação foi feita entre duas mulheres que decidiram me colocar no caminho reto. Não pude expressar a menor opinião sobre qualquer assunto, nada eu sabia, era completamente cerceado, oprimido e facilmente tornei-me um covarde.

A covardia instalou-se em meu ser, morávamos em uma casa imponente por fora, caindo aos pedaços por dentro.

Não havia recursos financeiros para tal tarefa. Minhas tias costuravam para as madames da sociedade para sustentá-las e ainda diziam que realizavam esses trabalhos maravilhosos para ocuparem o tempo disponível, como se todos não soubessem da nossa miséria!

Vivi uma farsa do começo ao fim, mas para pessoas iguais a elas sempre há uma carta na manga, são bons jogadores. Determinadas a cair em graça com a consciência e mostrar a todos o valor de seu nome, dispuseram-se de seu bem mais precioso,

Uma relíquia de família feita em ouro maciço foi dada à igreja em troca de minha futura vida como sacerdote.

Esse acordo, segundo o sacerdote responsável pelo mosteiro, era por conta da minha falta de vocação, essa conversa ouvi escondido embaixo da escada. Segundo ele, teriam muito trabalho para fazer o meu despertar, com 13 anos entrei calado e sem questionar para o seminário. Trabalhei com afinco nas práticas corriqueiras, eu era bem mandado, fazia qualquer serviço bem feito, para isso as surras de minhas tias surtiram resultado.

Mas vocação religiosa mesmo, no sentido amplo da palavra, jamais a tive!

Aos 20 anos, fui ordenado, aprendi a esconder muito bem os sentimentos, a covardia enquadrou-me nessa vida, mesmo porque, ir para onde? O medo do desconhecido era apavorante!"

Miguel não estava gostando do que estava lendo, muitos amigos seus lhe confidenciaram a opção religiosa imposta por familiares... Assim sendo quão poucos deveriam ser os verdadeiros escolhidos?

Ele mesmo começou errado... Continuou a leitura.

"Por oito longos anos, fui responsável por uma pequena paróquia nas adjacências de Florença, para todos eu era um pároco novo, sem muita experiência, para mim os atos religiosos eram praticados com respeito, mas sem fé alguma.

A esperada conversão na fé não veio! Aos 29 anos vim para o Brasil, cheguei a agradável cidade de São Sebastião do Rio de Janeiro.

Anos depois, fui removido para essa cidade, cheguei a Januaria, dessa vez com responsabilidade de Evangelizar e realizar o Santo Ofício em terras virgens assim como infantil o seu povo!

O trabalho tomou conta de mim, a igreja precisava de tudo, a confiança das pessoas era peça fundamental nessa jornada. E mantive-me nesse ideal falso, sendo que aqui nessa terra, eu poderia ter deixado de lado as quentões religiosas e talvez jamais alguém soubesse do meu passado, mas o covarde se acomoda!

Capítulo 10

"Quando fiz meus 40 anos, o destino resolveu brincar comigo! Dona Hortência, que na verdade era uma moça de apenas 27 anos era esposa de Alencar Gouveia, um homem rude, pescador e dono de alguns barcos, seu casamento era um desastre. Essa mulher, com a presença na igreja, e no confessionário para suas confissões, acabou me conquistando e então me apaixonei por ela!"

Miguel ao ler essa passagem se levantou, andou de um lado ao outro, coçou a cabeça e sentou, abriu e fechou o diário por várias vezes.

"Para meu castigo ela também se apaixonou por mim. Encontramo-nos apenas duas vezes, o suficiente para perceber o porquê de tamanha falta de vocação religiosa. Eu era um homem comum, que deveria ter me casado, ter tido família e filhos, percebi então que meu pai apesar de tudo que diziam minhas tias, era mais honesto do que eu!

Talvez fosse melhor um pecador convicto do que um falso santo?

Minha vida fora jogada fora, uma farsa sem correção. Em qualquer lugar um padre, um sacerdote apaixonado, era duplamente castigado. Por aqui, com uma mulher casada era morte certa. Mas o amor nos torna imbecis, ficamos abobalhados e não percebemos o risco que corremos e tudo é feito para mais um encontro!

Na segunda vez, nos encontramos em uma gruta no fim do dia, estávamos felizes e também dizendo adeus, essa era uma história fadada para terminar com fins trágicos, então estávamos decididos a não nos vermos mais. As saudades antecipadas dos momentos felizes cortavam-me o coração, eu e ela sabiamos das consequências. Enquanto chorávamos um nos braços do outro, ouvimos às costas uma voz. Senti gelar a alma, Hortência endureceu em meus braços, viramos e nos deparamos com o coronel Manoel Junqueira, o homem dono de tudo nessa região. Era temido por todos, punha e dispunha o que bem queria e quando queria! Ele olhou para nós, era um homem grande, forte sua presença intimidava...

– Ora, Ora... O que temos aqui? Dois pombinhos...

A minha voz não saiu, a visão que ficou assombrou-me por muito tempo. Com um dos pés em cima de uma pedra, um cotovelo no joelho e a mão no queixo, dando mostra de que já estava ali a tempos ouvindo-nos. A sombra da parede da caverna tampava-lhe parcialmente o rosto, ficando visível o sorriso escarnecedor dele e o sol fazendo brilhar o dente de ouro!

Saiu gargalhando, nos deixando apavorados."

Miguel sentiu uma rajada de frio repentina no coração que bateu mais forte imaginando o medo que passara esses dois! Pois ele se sentiu intimidado em falar com ele nos dias de hoje já sendo um velho, imagina novo e em plenitude da vida?

"Por duas semanas não consegui dormir, imaginava o pânico de minha amada, e quanto fui irresponsável para com ela. Agora estávamos os dois nas mãos daquele facínora. Ela era inocente, e eu um homem viajado, estudado, o meu papel não era esse!

Pela primeira vez, entendi o tamanho da responsabilidade não só de um sacerdote, mas era tarde demais.

Um dia, tarde da noite, eu já estava exaurido de forças e completamente perdido, alguém esmurra a porta da igreja, fui atender, qualquer coisa fora do normal me deixava em pânico.

Era o próprio Manoel Junqueira, a vela tremia em minha mão.

– Calma, seu padreco,... Agora seu segredo está muito bem guardado comigo, nessa região eu cuido de todos os assuntos que me interessam! Pode dormir sossegado.

Ele saiu e nem para dentro eu entrei, fiquei lá fora na varanda vendo a madrugada buscar o dia, tentando entender o que ele queria dizer.

Cedinho fui fazer o meu café, depois tocaria o sino da igreja, apenas não saberia como rezar a missa! Perto do meio do dia, chegou a notícia, Hortência, uma menina da região, que conhecia todos os perigos do rio e nadava muito bem, apareceu morta, encontraram o corpo dela boiando nas águas do São Francisco!

Jamais imaginei ser um dia tão duramente testado em meus sentimentos, fé eu não tive, mas amor sim!

Posso ter cometido o pecado da covardia em aceitar platonicamente a imposição de terceiros e ficar comodamente sentado na inércia de uma vida vazia, mas amei com todo o coração aquela mulher!

Naquele dia, eu morri para o mundo, ao ser obrigado a presenciar o funeral da mulher amada, sem poder expressar a dor, eu compreendi o que Deus queria comigo! Se Ele queria que eu viesse a amar, havia conseguido, mesmo que não fosse a causa religiosa. O sorriso morreu-me para sempre nos lábios, tornei-me um ermitão de olhos opacos e peito seco. Quanto aos postulados religiosos, resolvi depois disso que seriam feitos com mais respeito ainda, me abstive em viver para minha paróquia, as visitas aos fiéis foram cada vez mais se escasseando.

A reclusão veio de forma natural.

Nos meses seguinte adoeci, tornei-me uma pessoa tão fraca que uma simples gripe prostava-me. "Emagreci, definhei-me e para o mal dos pecados, o povo gostou dessa minha nova visão, passei a ser o santo padre, ao ponto de alguns que por conta da fé viva e dos merecimentos próprios tiveram algumas curas e assim atribuíram a mim."

O sol já havia mudado, entrando no período da tarde, e Miguel nem percebeu a chegada do fim do dia, com os olhos rasos d'água e penalizado fechou o diário e foi alimentar-se. Enquanto comia, digeria também o sofrimento de uma vida! E continuou a leitura...

"Passaram perto de dois anos, minhas forças físicas tiveram melhoras, a natureza é sábia, quando não se é hora de morrer nada acontece por mais que soframos. Certo dia, era perto de 18 horas, fui tirar água no poço, quando desci a lata olhei nas águas limpas da cacimba e vi Hortência boiando de costas, na cabeça bem na nuca havia sangue, como se alguém tivesse batido!

Perdi os sentidos, acordei no quarto sendo cuidado por uma das beatas! Essa visão se repetiu várias vezes sem eu nunca falar para ninguém. Tive que contratar o negrinho Josias para tirar água no poço, esse era um dos seus serviços."

"Minha nossa Senhora, então Josias estava na igreja desde menino e não contara nada a ele sobre esse caso"?. pensou Miguel

"O tempo foi passando, um dia chamaram-me para dar extrema unção em um retirante, essa viagem foi desnecessária, o doente viveu graças ao bom Deus, mas seus parentes acabaram sem querer, esclarecendo umas dúvidas que eu tinha.

O porquê de Manoel Junqueira assassinar Hortência, no meu entender.

Fiquei sabendo então, que Hortência era a única herdeira de umas terras que nem ela sabia e muito menos o marido, O coronel aproveitou a morte 'acidental' dela incorporando as terras dela às suas, eram divisas de propriedades.

Essa verdade poucos sabiam, e nada se falava. Usou do nosso segredo como uma desculpa para seu ato. Nesse dia meu coração chorou novamente. Quando completei meus 53 anos eu já era um velho de cabelos brancos, triste, com uma vontade imensa de morrer.

Domingas era uma negrinha espevitada prima de Josias e não saía da igreja…"

Miguel deu um pulo, andou para lá e para cá, novamente. Olha isso! Como Josias não falara desse seu parentesco com ela, justo ele que tagarelava o dia todo? Sim, isso mesmo, eles eram parecidos a tal mãe Domingas era sua parenta? Sentou-se perplexo...

Os dedos alisavam as folhas do diário, voltou a ler estupefato!

"Certa vez ela foi tirar água no poço e a viu também, chamou-me em segredo e disse: – padre Emilio, Hortência quer falar com o senhor, vai até minha mãe que ela pode te ajudar. A alma dela não encontra sossego! Como eu já havia cometido pecado demais em minha religião e por conta disso estava sofrendo e pagando caro, não dei ouvidos a ela mesmo por que ela também era uma criança ainda. E Deus que é pai haveria de me perdoar. Não iria eu dar ouvidos às crendices desse povo!

No mês de novembro, antes dessa tragédia, eu fazia sempre uma visita a uma capela feita por escravos em uma fazenda de um senhor bom e honesto, coisa rara por aqui entre as pessoas de posses. E já estava em falta com essa visita a anos. Para se chegar a esse lugar, pegava a canoa, descia as águas do São Francisco por um bom quarto de hora e depois entrava numa região pantanosa, a paisagem encantaria qualquer coração livre de pecado!"

"Remava eu a canoa na volta de minhas obrigações sem jamais ficar livre dos meus demônios íntimos, a consciência atormentava-me dia e noite. A certa altura começavam a aparecer pequenas ilhotas em que os animais descansavam e tomavam sol. Ouvi gritos de uma pessoa sofrendo.

Desviei a canoa, apoitei e desci, entrando vegetação adentro, Os gritos do sofredor eram estarrecedores, quando cheguei ao local deparei com uma situação que mesmo que eu vivesse mil anos jamais entenderia!

O coronelzinho Antonio Junqueira era um moço de 20 e poucos anos, título esse conseguido depois de uma Guerra entre os revoltosos mais para o Sul do país.

O segundo filho do velho Manoel Junqueira, que tomou a frente dos negócios depois da morte trágica de seu irmão Abílio, este de nome Antonio junto de dois capangas, estava esfolando vivo o pobre do Laerte Batista."

Miguel sentia ao ler essas passagens que parecia que a vida dessas pessoas passava ali à sua frente, o desenrolar de cada acontecimento...

"Ao me verem, amarraram meus braços e meus pés em uma árvore e fui testemunha de uma crueldade desumana!

Estavam arrancando a pele do pobre homem com uma faca afiada como se arranca a pele de um animal. Tiraram toda a pele dos ombros até perto das cochas na curva da perna, a boca amordaçada, mas ainda sim eu ouvia os gritos dele! Pegaram sal grosso e jogaram em cima, nessa hora o pobre homem desmaiou.

Manoel Junqueira chegou e viu-me. Seu filho perguntou o que fariam de mim?

Ele disse: – solta, esse ai come nas minhas mãos, é cobra morta!

Ao levantar com passos falsos, complemente atordoado, segui em direção à canoa ouvindo a risada deles diante da minha posição ali presente, o som das gargalhadas das bestas feras ficaram em meus ouvidos para sempre assombrando meus dias.

Conheci o poder da palavra humilhação!

Percebi ser um desgraçado! Por conta da minha leviandade, pereceu o amor da minha vida, esse que nem deveria ter existido, e presenciei um pobre diabo com os minutos contados sem que eu pudesse fazer nada. Entrei na embarcação e remei por uns minutos, o bolo que se formou em meu estômago veio para fora!

Lavei meu rosto, ajoelhei no fundo da canoa, abri meus braços e perguntei a Jesus o que ele queria de mim?

Na madrugada, uns pescadores encontraram-me febril e perdido no pântano. Fiquei entre a vida e a morte por mais de um mês. Meus superiores enviaram o padre Paulo para cuidar os afazeres da paróquia e de mim.

Decidi não mais viver, meus dias se findavam, a saúde não mais voltou, o desgosto se instalou em minha alma para sempre, mais uma vez orgulhoso querendo ser meu próprio juiz. Eu ainda não havia compreendido a palavra humildade!

Com alimentação cuidadosa e a cidade inteira cuidando de mim, afinal eu era o santo padre, obtive relativa melhora, em um dia frio ao entardecer sentei na rede da varanda, enquanto Josias e padre Paulo se preparavam para a missa.

Pedi a Jesus que me perdoasse, foi pela primeira vez um pedido cônscio de fé! E nessa hora eu vi caminhando entre as roseiras do jardim, a minha amada Hortência, ela estava linda e sorrindo para mim.

Aproveito aqui para dizer que não se tratava de uma visão de um moribundo ou de um tresloucado, apenas de um velho doente fisicamente e cansado de tanto vivenciar mentiras.

Escrevi esse diário enquanto posso andar, vou escondê-lo na esperança de que um dia uma alma boa possa encontrá-lo.

Essa é a minha confissão!

Se Deus agraciar-me com seu perdão, receberei as preces do meu possível leitor com alegria. Se Satanás tomou conta de minha alma, que o executor da prece a receba de volta duplamente como bênçãos em sua vida...

Peço Perdão a Deus e aos homens pelos meus erros!

Pois que difícil será meu auto perdão!"

Emílio Gotting

Miguel fechou o manuscrito com a alma condoída, lágrimas rolaram-lhe nas faces...

Assumiu nessa hora um compromisso para sempre, enquanto vivesse, não ficaria um dia de sua vida sem uma prece sincera a esse irmão de fé e irmão em Cristo!

Queimou ali mesmo o velho caderno, as cinzas pretas e ralas foram espalhadas com o vento. Uma sensação de paz acometeu seu peito.

Capítulo 11

Ao chegar à cidade a primeira coisa que viu foi o automóvel do velho coronel Junqueira em frente à porta da igreja, mas dessa vez sua postura orgulhosa não mais o intimidaria.

– Bom-dia, senhor Junqueira, quais os ventos que o trazem?

– Estou aqui para mais de hora esperando sua pessoa!

O velho falou como se ele tivesse a obrigação de estar ali à sua espera. Em outros tempos pediria desculpas, mas dessa vez, Deus o perdoaria, mas não iria pedir, não depois do que acabara de ler.

–A vida é assim mesmo coronel, não podemos ganhar todas, aceita uma água, um café?

– Não! Tenho mais o que fazer, venho lhe avisar que aquele assunto está resolvido, não haverá mais mortes, estão quites, isso eu lhe garanto.

– Muito agradecido coronel…

Ao vê-lo movimentar a cadeira de rodas saindo em direção ao seu funcionário, deu-se conta do ridículo. Um homem daquele achando-se no direito de ser como Deus naquela cidade; e todos, inclusive ele o colocavam nesse pedestal!

Acordou no dia seguinte decidido, iria falar com mãe Domingas, correria esse risco, assim como todos confiavam em seu silêncio pelo menos uma vez na vida ele havia que confiar também! Saiu depois do almoço e foi parar em sua casa.

– Bom-tarde, padre pensei que não viria mais!

– Sabia que eu viria dona Domingas?

– Sabia, sim, meu filho, até fiz um bolo de fubá, me disseram que você gosta muito.

– Mas meus guias disseram sim que você viria... Agora, o seu gosto pelo bolo foi fofoca de dona Catarina, Segundo ela você gosta muito! Os dois caíram na risada...

– Dona Domingas preciso ter uma conversa séria com a senhora...

– Entendo, meu filho, e a sua preocupação é se eu sei guardar segredo, fique sossegado, nossas posições são parecidas, somos depositários das amarguras alheias e lá na ponta ficamos sozinhos sem ter em quem depositar as nossas.

– Isso mesmo, senhora!

Miguel olhou-a nos olhos e viu a sinceridade humilde dela, bateu-lhe ao peito uma felicidade estranha.

–Vim contar-te uma história que acabei de ler, esse segredo será dividido consigo e devemos morrer com ele em respeito aos que já partiram desse mundo.

Relatou a ela o conteúdo do diário. Dona Domingas balançava sua cadeira e ouvia atenta.

– Então meu filho, agora as coisas se encaixam. Esse Laerte Batista, que nem conheci, na verdade foi um defunto encontrado todo comido pelos peixes, ao retirarem o corpo dele das águas, segundo contam ele estava inchado e podre! Não foram os peixes que comeram, foi à morte cruel que teve a mando do coronel e executada pelo seu filho, Antonio Junqueira...

– Isso dona Domingas!

– E é por isso que eu quando era menina, via Hortência quando tirava água do poço, confesso que não era toda vez, mas ela estava lá rondando a igreja. Toda aquela doença do padre Emilio era de remorso... É, meu filho... Remorso mata qualquer um, ainda mais acrescido de um mal de amor.

E os Junqueiras, metido em tudo que não presta nesse lugar. Então foi por isso que coronel Junqueira, deixou-me em paz. Eu acabei dizendo o nome do homem morto por ele na maior crueldade! Foram meus guias que sopraram em meus ouvidos esse nome... E funcionou!

– E o que você tirou disso tudo para você, padre Miguel? Que proveito? Sim, porque, essas histórias de vida não são em vão, nos trazem lições!

– Tornou-me forte dona Domingas, confiante, humilde em relação às coisas que não sei!

– Vim aqui contra meus princípios religiosos, pondo na frente a humildade, e querendo ajuda para meu irmão Antero! Com todo respeito que tenho pelas coisas Divinas, mas eu vejo meu irmão perambulando pela igreja.

– Se for pelas suas mãos a paz que ele procura, que seja, e assim fica sendo nosso segredo!

– Acompanha-me, meu filho...

Dirigiram-se ao salão em que dona Domingas fazia suas orações. Estava do mesmo jeito que já havia visto, sentou-se em um banco e ela se ajoelhou fazendo o sinal da cruz.

Quando ela começou a fazer a oração do Pai Nosso ele intimamente a acompanhou. Ela sentou em seu banquinho, colocou as mãos abertas nos joelhos com as palmas para cima respirando fundo, entrando em meditação de olhos fechados, e a face dela mudou.

Miguel ouviu a voz dela carregada de um sotaque estranho com um som gutural dizer-lhe:

– Que a Paz de Jesus esteja presente, amigo! Humildemente recebo sua visita, em nome do amor universal e junto pediremos ao Pai misericórdia aos que sofrem...

Miguel sentiu uma energia ponderosa envolvendo-o, tão pacificadora que quase se podia tocar, uma sensação de bem-estar, clareando-lhe a consciência. Nesse momento fechou os olhos e não percebeu a mudança operada nela.

Quando abriu os olhos, d. Domingas estava com uma postura soberba, orgulhosa e passando a unha na sobrancelha esquerda, característica de um tique nervoso! Lembrou-se de seu irmão, Antero, ele fazia isso, e sentiu uma energia crescendo para cima dele, algo gelado, e dolorido!

Sentiu arrepio ao corpo.

D. Domingas começou a falar com a voz estranha, arrastando as palavras e torcendo a boca para o lado direito, assim também era seu irmão ao falar.

–Vim pedir-te desculpas... Não fui justo com você, nosso amigo em comum, Sebástian Wechel, confidenciou-me seu namoro com Alichia e foi por maldade que eu a pedi em casamento, era a moça mais bonita do colégio e nosso pai que fazia todos os meus gostos a concedeu-me.

Padre Miguel duplamente estarrecido ouviu aquelas palavras.

– Fomos infelizes, e para meu castigo apaixonei-me por ela, no entanto, jamais foi meu um sorriso dela! Ela o amou sempre... E eu hoje por conta de dívidas pregressas juntando a essas dessa vida, me encontro na escuridão!

Miguel se lembrou de quando dona Maria lhe pediu para fazer preces em voz alta. E respondeu de coração aberto em voz alta.

–A mim você não deve nada, eu já o perdoei faz tempo; pensamos que somos donos de nossas vidas, mas o bom Deus é Senhor do nosso destino. Descanse em paz, eu no fundo queria ser igual a você, forte, destemido e amado pelo nosso pai, perdoa-me por esse sentimento invejoso.

As faces dela desenharam um sorriso triste...

– Fiz perder a oportunidade de sermos irmãos de verdade... Perdoe-me!

Instantes seguintes, dona Domingas respirou fundo e ele pôde perceber que algo havia saído dela. Uma comoção abateu sobre ele, a saudade de sua amada mãe e de sua infância fez doer o seu peito.

Essa senhora se levantou e fez uma prece com palavras tão simples, mas com tamanha fé e humildade que ele jamais esqueceria. Quando saíram ao se despedirem, ela olhou bem no fundo dos olhos dele e disse:

– Que momento Divino, quanta beleza há no perdão! Vai descansado, meu filho, esse é nosso segredo e será pela eternidade, vá cuidar dos seus fiéis, você é digno dessa missão!

És um abençoado e muita coisa boa será feita por ti. Miguel teve que se despedir rápido para que ela não percebesse as lágrimas que teimavam em cair.

As palavras da cigana que foram ditas em sua infância! Saiu daquela casa feliz e com alma nova, sim faria muita coisa boa em sua missão religiosa, seria um padre na acepção da palavra, um sacerdote voltado aos postulados Divinos. Seus paroquianos seriam a partir de agora vistos com novos olhos, o amor acima de tudo, disciplina em si não aos outros, cada um tem sua hora.

O respeito pelas crenças alheias seria uma obrigação!

Aquela senhora não podia saber o nome de seu amigo de infância, Sebástian Wechel era um garoto cheio de problemas, onde passava causava contenda e era verdade, ele era aluno da mesma sala que a sua.

Saíra no meio do ano, seus pais levaram-no para o mesmo liceu em que estudava Antero e com certeza, para ganhar a confiança de Antero confidenciou de seu namoro com Alichia, mesmo porque eram esses os motivos pelos quais ele não tinha parada em colégio nenhum, era irresponsável, bisbilhoteiro e mau aluno.

Mãe Domingas, pelo sim ou pelo não, se certo ou errado segundo sua religião, pôs fim às suas dúvidas.

Sua vida que antes era um ponto de interrogação, agora era um caminho seguro sem volta, bendito seja o diário de Emilio Gotting. Agraciada seja Maria Meireles pela sua confissão!

Embora não entendesse as práticas de Mãe Domingas, que Jesus a abençoasse!

Em sua vida passaram inúmeras pessoas que o fizeram sofrer, apenas três seres, filhos de Deus, conseguiram, cada um à sua maneira reviver seu passado e exorcizá-lo para sempre. Iria com o maior prazer do mundo, fazer uma cadeira de balanço para presentear Maira Meireles Valente. Seus medos se foram, nenhum "coronel" iria mais intimidá-lo, respeitá-los iria sim, mas todos por igual.

Chegou à sua igreja com outros olhos, o peso nos ombros agora era outro, não era humano, era Divino!

Esse era do tamanho dos ombros dele!

Ajoelhou diante da cruz, abriu os braços dizendo alto e em bom som:

–Jesus Cristo eu estou aqui!

Com certeza, encontraria pela frente dificuldades sem conta até o fim de seus dias. Nas parábolas evangélicas de Cristo encontraria as respostas para todas as horas. Não estava mais perdido entre a fé e suas mazelas.

Os moradores daquela cidade e do resto do mundo teriam alegrias e tristezas, culpados ou inocentes, no fim cada um segundo suas obras.

"Quem são meus irmãos?" Segundo nosso Amado Mestre Jesus "Todo aquele que faz a vontade de nosso Pai, que está no céu"

Ele faria tudo para ter paz, aqui entre os homens e depois junto a Deus!

Agradeceu a Jesus por ter nascido em épocas moderadas, se assim não fora, provavelmente sua amada mãe seria uma das centenas de pessoas sacrificadas pela inquisição.

Compreendeu que existem vários caminhos e que no final as pontas se encontram em um segmento único, em direção a Deus!

As "mães Domingas" sempre existiram e existirão, fazem parte do que somos.

Ele mesmo não podia contestá-la! Seria uma bárbara hipocrisia uma vez que ele mesmo viu seu irmão a poucos dias.

Sua postura religiosa, o amor pela sua causa, tudo hoje apresentava um novo sentido, seria um padre consciente de que somos almas e nossos atos são para toda a eternidade!

Caberia a ele escrever o seu diário no dia a dia com hombridade e respeitando os motivos de cada um.

E tomar cuidado para que seus motivos fossem sempre nobres!

Leo Fernandes

Fim

Todos os nomes e lugares são fictícios.